新潮新書

石破 茂
ISHIBA Shigeru

政策至上主義

773

新潮社

はじめに

日本は明治維新以降、約五十年ごとに国を作り変え、しかもそれに成功してきた国家です。作家の楡周平さんはこれを「グレート・リセット」と言っていますが、明治維新からの五十年は、欧米列強からの独立。昭和初期からの五十年は、大戦、敗戦から占領を経て奇跡的な復興、そして高度経済成長。

しかしこの一九六八年から後、高度成長期の成功体験があまりに劇的すぎたために、それ以降の新しい国づくりの試みは、時代の要請に応えきれずにここまできてしまいました。

折しも二〇一八年は明治維新から百五十年です。

この先も日本がこれまでと同様の、いや、それ以上に素晴らしい国であるためには何が必要なのか。政治家として何ができるのか。そのことが頭を離れたことはありません。

そして私は、これからの日本は、「自立精神旺盛で持続的な発展を続けられる国」を目指すべきだ、と考えています。そのためには新しい時代の要請に正面から応え、政治、行政、経済、社会全般にわたる仕組みを大幅に見直さなければなりません。

それは、伸びしろの大きい地方の創造性・多様性を軸として、多様な価値観やライフスタイルを実現したり、イノベーションや生産性向上を加速させたりすることで、国民の幸福度や一人当たりGDPを最大化していく日本の姿です。

自民党は与党に復帰して以降、今までもこうした課題に真剣に取り組んできました。私も大臣として、あるいは幹事長として全力を尽くしてきたつもりです。

しかし一方で、まだ足りない視点、よりスピード感を持って取り組まねばならない部分が多くあると感じています。

突き詰めて言えば、国会議員がすべきことは一つ。国を導くビジョンを提示し、そのビジョンに従い、国政上の個別の課題解決のためのプラン、すなわち現実的で実効性のある政策を練り上げ、実行していくことしかありません。

本書では、国会議員として三十年以上活動してきた中で感じたこと、考えたことをまとめてみました。

以前からいろいろなところで申し上げていることですが、まだ私が国会議員になる前、渡辺美智雄先生が講演でおっしゃったことが、私の政治家としての原点となっています。

「政治家の仕事は、勇気と真心をもって真実を語ることだ」

「真実」を真摯に探究することはとても困難な作業ですし、しかも見出した「真実」は、往々にして国民の耳に心地良いものではないことが多いものですが、それを語る勇気を持たねばなりませんし、それを実現するためには「あの政治家が言っていることには耳を傾けてみよう」と思っていただける「真心」が必要なのだ、という意味だったと思います。

初めてこれを聞いたときには、「なんだ、当たり前のことじゃないか」と思ったのですが、なぜか心に強く残るものがあり、講演のテープをいただいて、一九八六年に初当選するまでの間、何度も聞き返しました。

議員になって三十年以上経った今、渡辺先生はなんと難しいことを言われたのかと痛感しています。

渡辺先生はまた、

「いい加減なヤツが百人いても、二百人いても世の中は変わらない。だが、政策を知っていて、選挙も強い確信犯的な議員が二十人もいたら世の中は変わる」

ともおっしゃっておられました。

志を同じくしている政策集団「水月会」の仲間たちに、その資質があることを私は頼もしく思っています。本書をまとめるにあたっても、水月会政策委員長の赤澤亮正さんをはじめ、メンバーの皆さんに数多くの示唆を頂きました。

本書が読者の皆さんが政治、政策について、またご自身の住む地方、そして日本の未来について考えるための材料となれば幸いです。

政策至上主義　目次

1

誠実さ、謙虚さ、正直さを忘れてはならない

もう政権に戻れないと思った頃

二〇一二年の政権復帰以降、与党は選挙で勝利を続けてきました。

そのあとの自公政権しか知らない人にとっては、これが永遠に続くかのような幻想を持つのも無理のないことなのかもしれません。特に野党でそう思う人は、焦るあまりに、その場しのぎの離合集散を演じ、かえって自らの首を絞めてしまう、ということも多くの国民が目にしたことです。

しかし、私にはそのような幻想を持つことは到底できません。二〇〇九年に野党に転落したときの衝撃は非常に大きく、忘れられないものだったからです。

あの時、自民党の議席は三百議席から百十九議席にまで減りました。ほぼ三分の一になったのです。すでに世論調査などから敗北必至であることはわかっていましたし、実際に事前予想では百二十議席という数字も出ていました。ほぼその通りとはいえ、それでもなお、結果にはたいへんな衝撃を受けました。

あの時、多くの自民党幹部は、こんな風に思っていました。

「ああ、これで十年間は政権に戻れない」

小選挙区制を採っている国で政権交代が起こった場合、十年間はその政権が続く、というのは常識でした。英国やカナダでもそうです。小選挙区とはそういうものなのです。私は当時、農林水産大臣でしたが、「もう自分が国会議員でいる間は政権に戻ることはないかもしれない」と思っていました。

ただ、野党になってすぐにやらなければならないこともわかっていました。なぜ自民党は敗れたのか。野党にならなければいけなかったのか。このことを徹底して検証することです。

当分政権に戻ることはないとしても、その間にできることは何か。何をすべきで、何をすべきではないか。

もう一つ、強く思ったのは、自民党が分裂するような事態は絶対に避けなければいけない、ということでした。

かつて金丸信先生は、「野党になったら馬糞の川流れだ」と仰《おっしゃ》ったそうです。いささか品の無い表現かもしれませんが、要は政権から降りたとたんにバラバラになる、という意味です。

自民党を支えているのは権力なのだ、それゆえに権力を絶対手放してはいけない。これは自民党がずっと抱えてきた、執念のようなものだったと思います。だからこそ、ある時期には日本社会党委員長の村山富市さんを総理に担いでまで政権に返り咲いたわけです。非難を浴びることは承知のうえだったのは間違いありません。それでも当時の幹部たちは決断したのでしょう。

しかし、権力への執着が行き過ぎることは自重せねばならないと考えています。自民党の核となる政策を枉《ま》げてまで与党たろうとすることは、国民政党のすることではないと思うからです。

「自民党、感じ悪いよね」

自民党を破り、華々しく誕生した民主党政権は、当初、国民やメディアの喝采を浴びて始動します。この民主党政権が本当に国民国家のためになる政権であれば、われわれ自民党の出番は本当にしばらくの間なかったでしょう。しかし、結果はご存知の通りでした。

年金問題、子ども手当、高速道路無料化、財源はすべて「事業仕分け」で見直すことで捻出する。私も「もしかすると、全く今までとは違う視点で解決策を実行できるのだろうか」と思うところがなかったわけではありません。ところが政権運営はあまりに稚拙で、理想はあったのでしょうが、それを現実的な政策に落とし込むことも、実行することもほとんどできませんでした。そしてその民主党政権の最中に、あの東日本大震災・大津波・原発事故が起きたのです。こうなっては、何としても自民党を立て直し、国民生活の安定を我々が担う以外にない。それが、私たちの使命となったのです。

このときの記憶が生々しく残っている以上、私たちが与党に戻り、いくら安倍政権は盤石だと言われても、自公政権がずっと続くなどという楽観的な考え方を持つことは、私にはできません。

そもそもあの時、なぜ自民党は野党に転落したのでしょうか。なぜ有権者に嫌われたのでしょうか。

私は、決して自民党の政策が間違っていたのではなかったように思います。それよりも、党のあり方に対する厳しい見方が大きかったのではないでしょうか。簡単に言ってしまえば、「自民党だけは嫌だ」という思いが有権者に蔓延していた気がします。

そうした国民の気分に対して、当時私は「『自民党、感じ悪いよね』と思われないようにしなければならない」と発言したこともあります。そう発言したことに対しての批判もありましたが、実際にそういう気分の国民が多くいたのは間違いなかったと思います。

では、「自民党だけは嫌だ」と思われた理由は、たとえばどのようなものだったのでしょうか。まずは、その時々の政権の失策や失言、不祥事などで、総理が次々に代わってしまったということが挙げられるでしょう。

二〇〇九年の時点で、私は議員になって二十三年が経っていました。その間に総理大臣がどれだけ代わったか。

私が初当選した一九八六年は、中曽根康弘総理でした。そのあとの名前を並べてみましょう。竹下登、宇野宗佑、海部俊樹、宮沢喜一、細川護熙、羽田孜、村山富市、橋本龍太郎、小渕恵三、森喜朗、小泉純一郎、安倍晋三、福田康夫、麻生太郎……四半世紀足らずの間に、実に新しい総理が十四人も誕生していたのです。平均すれば一人あたり二年も続いていません。このうち細川、羽田、村山を除けばすべて自民党です。このような状況に国民から拒絶反応が生まれるのは当然でしょう。

総理はまだそれでもましかもしれません。大臣に至ってはそれどころではなかったからです。

たとえば、私は福田康夫内閣において防衛相をつとめましたが、二〇〇七年に入って九カ月で、すでに四人目でした。私の前が高村正彦先生、その前が小池百合子先生で、さらに前が久間章生先生です。

次の麻生内閣では農水相をつとめましたが、第一次安倍政権時代に「鬼門」と揶揄《やゆ》されたポストだけあって、安倍政権から麻生政権までの二年で、実に私が六人目でした。前任者は松岡利勝先生、赤城徳彦先生、若林正俊先生、遠藤武彦先生、再び若林先生、太田誠一先生。

やむをえない交代もなかったわけではないでしょうが、こんなに大臣がコロコロ代わる様を見て、国民がウンザリしないわけはありません。

国民の共感を失う恐ろしさ

また、政策の内容というよりも、政策のネーミングなどで国民の反発を買ってしまったこともありました。七十五歳以上の方々を「後期高齢者」としたのがその代表例でしょう。もちろんその表現は以前からあるものでしたし、他意はありません。それでも、このような言葉を使った時に、該当する方々がどう思われるのか、そこに私たちは思いが至っていませんでした。

福田内閣で導入した「後期高齢者医療制度」それ自体は画期的なものだったと今でも思っています。地方と都市部、あるいは高齢者だけの世帯と子供と同居している世帯との負担の格差を是正するとともに、一割負担の原則を取り入れるという制度であり、高齢者医療の安定につながるものです。制度そのものに対しては野党もまともな批判は出来ていません。

しかも、実は地域によっては負担は減ったのです。私の地元、鳥取県の小さな市町村のように、高齢者が多く、財政が厳しい地域では多くの有権者の保険料が下がることになっていました。本来ならば歓迎されてもいい話です。ところが説明をすべき厚労省に問い合わせても、きちんとそれを示すデータがありませんでした。

結局、私は地域の広域連合に問い合わせ、自力でデータを集めたうえで、地元で事実を説明して回りました。

正確なデータをもとに、丁寧に説明すれば、有権者はわかってくれます。現にこの時も、「そういうことなのか」と多くの方が納得してくださいました。

しかし、ネーミングの悪さは致命的でした。いったん広まってしまった「自民党は高齢者に冷たい政党だ」というイメージを拭い去ることはできなかったのです。

当時、民主党の幹事長だった鳩山由紀夫さんは、「姥捨山反対、お年寄りをいじめるな」というようなノボリを持ち、巣鴨に出向いてアピールをしました。この頃は、彼らのほうが共感を得るのに長《た》けていたわけです。結局、猛反発を受けて「長寿医療制度」と名前を変更したものの、後の祭りです。

このような長年の積み重ねがたまりにたまって、国民の共感を得られない党になってしまっていた。「感じ悪いよね」と思われるようになっていた。それが二〇〇九年の自民党でした。

このとき痛感したのは、政策が正しければそれでいい、というものではないということです。もちろん政策が正しいことは大前提です。間違った政策、実現不可能な政策を選挙目当て、イメージ先行で進めていいはずはありません。

必要なのは、正しい政策を用意したうえでさらに「政府は私たちのことを分かってくれている」と思ってもらえるように、丁寧な説明を繰り返すことなのです。

谷垣総裁の下で謙虚な立て直し

野党となった自民党の総裁に就任したのが谷垣禎一先生でした。「馬糞の川流れ」とならないためには党内抗争だけは避けねばなりません。

その意味で、谷垣先生ほどの適任者はいなかったでしょう。誠実なお人柄で、高い見識を持ち、多くの党員から尊敬を集める存在だったからです。

その谷垣総裁の下、私は政調会長を務めました。党の政策を立案し、まとめる仕事です。特に力を入れたことの一つが、新しい党綱領の制定でした。政党の綱領というのは、その政党の基本的な考え、方向性を明文化したものです。

自民党とは何なのか、何のためにある党なのか。野党になったからこそ、そうした根本的なことを考える時間もありました。そしてこの作業は、党の根本的な立て直しには必要な作業でした。「私たちはなぜ負けたのか」をゼロから考えたうえで、「真の日本の保守政党とは何か」を突き詰めるために、伊吹文明元衆議院議長にとりまとめをお願いしました。

そうして二〇一〇年に誕生したのが、自民党の新しい綱領です。全文は長くなるので、「我が党の政策の基本的考え」を以下に示します。これは現在も有効なものです。

①日本らしい日本の姿を示し、世界に貢献できる新憲法の制定を目指す
②日本の主権は自らの努力により護る。国際社会の現実に即した責務を果たすとともに、一国平和主義的観念論を排す
③自助自立する個人を尊重し、その条件を整えるとともに、共助・公助する仕組を充実する
④自律と秩序ある市場経済を確立する
⑤地域社会と家族の絆・温かさを再生する
⑥政府は全ての人に公正な政策や条件づくりに努める（略）
⑦将来の納税者の汗の結晶の使用選択権を奪わぬよう、財政の効率化と税制改正により財政を再建する

野党時代ということもあり、大きく注目を浴びはしませんでしたが、これを制定することができたのはとても有意義なことだったと考えています。

また、政党である以上、綱領を持つことは最低限の条件であると私は考えます。民主

党は驚くべきことに、与党となった時点でも綱領を持っていませんでした。だからこそ、憲法改正のような重要なテーマについても、党内の意見がバラバラのままでした。

余談ながら、私は民主党政権最後の総理であった野田佳彦総理に、同党の綱領について国会で質問したことがあります。野田総理は、民主党には綱領はないが、「基本理念」はあると言いました。そこで、その「基本理念」の中で三つ主なものを挙げてください、と問うと、野田総理は一つしか正解を言えませんでした。

主要な「基本理念」すら党首が憶えていないというのでは、話になりません。

その後、民主党は民進党となり、さらに分裂するなど未だに混乱していますが、これも元を辿れば綱領すら存在しなかったことが最大の理由だと言えるのではないでしょうか。

政党は、国民一人当たり二百五十円として総額を計算する政党助成金の配分を受けることのできる存在です。現在でも、政党として認められるには法人であることなどの要件が課されてはいますが、私自身は現行の要件以外にも、綱領、意思決定や会計処理の手続きが適切に定められていることなどを要件とする「政党法」の制定が必要だと考えています。

政策集団としての自民党

野党・自民党の政調会長としての大きな責務は、自民党を実力ある真の「政策集団」にすることである。私は当時、そう考えました。そのための具体的な方策の一つが、旧来型の年功序列類似の人事をやめることでした。

従来、党内には、当選一回はヒラ、二回で政務官、三回で部会長、四回で常任委員長、五回で大臣という「相場」がありました。しかし、これからは当選一回であろうと実力とやる気のある議員には部会長などの責任がある仕事を任せようと考えたのです。

もともとの構想は以前から私がアイディアとして持っていた「手挙げ方式」でした。単に執行部がポストを割り振るのではなく、まずは「この仕事をやりたい」という人に手を挙げてもらう。そして、その希望者を総裁、幹事長、総務会長、政調会長などで面接して選ぶことにする、というものです。候補者には、その分野における現在の課題（現状認識）、それを解決するための法律・政令などの方策、それを実現するための予算、それを可能とする財源等を十分程度で述べてもらったらいいのではないか。

このアイディア自体は見送られたものの、谷垣総裁、大島理森幹事長のお許しも得て、当選回数と関係なく能力ある若手を抜擢することができました。

たとえば環境部会長に齋藤健先生（一期目＝当時、以下同）、国防部会長に「ヒゲの隊長」としてお馴染みの佐藤正久先生（一期目）、文部科学部会長に「ヤンキー先生」こと義家弘介先生（一期目）、法務部会長に森まさこ先生（一期目）、経済産業部会長には平将明先生（二期目）という具合でした。

これは国会における政策論議などにおいて、政府の大臣たちよりも強い人を出したいと考えたからです。大臣とやりあう姿を国民が見て、「自民党のほうがいいじゃないか。政策に通じているぞ」と思ってくれるようにしたい。このようにしなければ政権奪還なんておぼつかない。そうした危機感が背景にはありました。

こうしたことを積み重ねていくうちに、野党・自民党は政策集団としての力を蓄えることができていったと思います。

とにかく真面目に研鑽を積み、次の出番に備えること。そして再び国民に信頼される党に生まれ変わらなければならないと考えたのです。

論戦に強くなるために

当時は予算委員会の筆頭理事も一年間つとめました。あの時ほど国会の質問に立ったことはありませんでした。

その際も主眼としたのは、政策論争です。民主党政権の政策をテーマごとに党内で徹底的に検証して議論を挑みました。決して単なる揚げ足取りのような論戦にはしなかったつもりです。

私に限らず、当時の自民党にはそうした傾向が強くありました。

国会論戦の充実のために、党内では初めてのディベート講座も行ないました。講師をお願いしたのは、ディベート学の権威である北岡俊明さん。

ベテランも若手も交え、良い質問・駄目な質問、良い答弁・駄目な答弁を直近の実例を挙げて検証し、実際のディベートも行なうなど、相当に突っ込んで学んだものでした。日本では法廷でのやり取り以外は基本的にディベートの習慣が無く、その技術も未発達であり、だからこそ国会の論戦を観ていてもなかなか国民の理解が深まらないのだということを強く認識させられました。

「してもしなくてもよい無意味な質問はするな」「言論の闘いの場においてはなるべくパネルを使うな」「あ〜、え〜、などと言うな」「……と思います、は禁句。断定的に自己の見解を述べよ」……等々、技術的な学びも数多くあり、その後の貴重な糧とさせて頂いています。

なかでも最も印象深かったのは「ディベートの最大の効用は万巻の書を読まざるを得ないということである。ディベートとは読書の戦いであると言ってもいい。大量の本を読まないと他のディベーターに徹底的に論破される」との教えでした。

「話の引き出し」を多く持っていることは攻守どちらにおいても必要なことですが、そのためには、時間を見つけては可能な限りの本や論説を読まねばなりません。私の時間管理が下手なせいなのか、近頃は買うものよりも送ってくださるものも多く、膨大な本や論壇誌を前にただ呆然とすることもありますが、それでも政策を深めてくれそうなもの、議論に必要そうな本は、できるかぎり読みこなすようにしています。

「本ばかり読んでいないでもっとメシを食い、酒を飲み、付き合いの幅を拡げるべきだ」とのご指摘もしばしば頂くのですが、こればかりはスタイルなので致し方ありません。

ディベートの技術を磨く、ということは答弁する側に立った場合にも重要なことです。その場を切り抜けさえすればよい、とか相手を揶揄すればよい、というものではなく、国民が納得する議論を展開することで初めて理解は深まるのであり、むしろその責任は政府・与党側こそ重いというべきなのでしょう。

このような様々な取り組み、経験を積んでいくうちに自民党は、「責任野党」として成長できたと考えています。

どうやって国民の信頼を取り戻せるか、あんなに一所懸命やった三年間はありません。その経験はその後の政権交代の大きな力となっています。だからこそ野党時代の経験というのは、私にとっても、自民党にとっても忘れてはならないものであると思うのです。

2

信じる政策を正面から問うことが求められている

「野党よりはマシ」だけではいけない

様々な失政や東日本大震災・大津波・原発事故への対応のまずさで、民主党が政権の座を降りたのは二〇一二年末のことでした。この間の経緯は私が改めて申し上げるまでもないでしょう。

その年、秋に行なわれた自民党総裁選に出馬した私は、地方の党員の皆様のおかげで地方票では勝利したものの、国会議員票で逆転された結果、安倍先生が自民党総裁となり、総理大臣になったのもご承知の通りです。

なぜあの時、私は国会議員の支持を得られなかったのでしょうか。自分自身では、「あいつにやらせたら革命に近いような改革をやるのではないか」といった雰囲気が周囲にあったのかもしれない、などと思っています。若い頃に、政治改革をめぐって内閣不信任案に賛成し、離党した過去がありますから、また極端なことをするのでは、という警戒感もあったのでしょう。

そしてたしかに、安倍総裁の下で自民党幹事長となった私は、野党時代に考えた多くの政策や改革を与党として実行しようという気持ちで仕事に取り組みました。幹事長として国会質問にも立ちましたし、各地方でも野党時代から「こうしたい、こうあるべきだ」と思っていた自民党の姿を説いて歩き、新たなご意見をいただいたり、ご理解を得たりしました。

安倍政権になってからの経済面での功績は、多くの認めるところでしょう。絶望感に満ちていた日本経済が飛躍的に回復しました。アベノミクスは全部まやかしだ、といった批判をする方もいますが、現実問題として民主党政権の頃と比べて雇用情勢は格段に良くなり、株価は倍以上に上がり、企業の業績も未曾有の回復を遂げています。円安によってメリットを享受している企業があるのも事実です。数字で見れば、民主党時代とは比べものになりません。

政権運営そのものも、民主党の頃と比べれば圧倒的に安定感があります。そうしたことへの評価が、その後のいくつかの選挙での勝利につながっているのでしょう。

ただ、残念ながら、政権復帰後の自民党が議席数ほどの信頼を得ているか、取り戻せているかというと心もとないところもあります。

多くの有権者は、常に謙虚で正直で誠実な自民党を求めているのではないでしょうか。私もまた謙虚で正直で誠実な自民党でありたい、といつも思っています。

たしかに自民党は当時の民主党と比べても現在の野党と比べても力がある、実力がある。が、謙虚さが足りない、正直な政党なのか、誠実な政党なのかについては疑問が残る、という印象を持つ人が多いように思います。有権者の気持ちは「自民党は他の野党よりはマシ」という程度である。そのことは常に肝に銘じる必要があります。

平和安全法制の進め方への反省

幹事長を務めている間、この点にはかなり気を遣いました。「驕っている」とか「強引だ」といった批判を受けることのないような運営を心掛けたつもりです。実際に、政権復帰してからしばらくの間は、比較的、謙虚さや正直さ、誠実さを感じていただけていたような気もします。

少し世間の反応が変わってきたのは、平和安全法制に関する議論が焦点となってからかもしれません。担当の中谷元防衛相はとても誠実に説明をしていました。しかし、その努力とは関係なく、物事の進め方などについて、必ずしもそれが国民に「いいね」と納得してもらえませんでした。結果として、全国で反対の集会、デモが展開され、国会前にも毎週のように多くの人が集まりました。「戦争法案」だ、というのがその主張でした。

これははっきり言って単純な誤解や間違いであって、政府としてはもっと丁寧にその誤解を解き、間違いをただす必要があったように思います。

このように言うと「他人事みたいに言うな。じゃあお前が説明すればよかったじゃないか」とのお叱りを受けるかもしれません。

仮に、あの当時、私が防衛相であれば、私が説明することになったのでしょう。しかし、私と安倍総理では集団的自衛権に関する考え方が、肝心なところで異なっていました。

総理も私も、憲法上集団的自衛権は行使できる、というところまでは同じです。しかし安倍総理が進めた平和安全法制の方向性は、一言で言えば「集団的自衛権は、現行憲法上ここまでしか認められない」というラインを定めるというものでした。つまり、集団的自衛権の行使の範囲を最初から限定してしまう、という方法です。

これは私の従来の主張とはまったく異なります。私は、日本が独立国である以上、個別的であろうが集団的であろうが、国連憲章に定められている通り、他国と同様に自衛権を有しているのは当然だと考えています。つまり、日本だけが「憲法上ここまで」と定める類のものではないということです。

ただし、だからといって無制限にその権利を行使して良いわけではありません。権利を有することと、それを行使することは別です。国民が――実際にはその代表である国会が――きちんと軍隊の行動に歯止めをかけることが重要である、というのが私の考え方であり、それがすなわち、自民党の党議決定を経た「国家安全保障基本法」の考え方です。

つまり、集団的であれ個別的であれ、国際法上（国連憲章上）認められた自衛権は、憲法上の制約としてではなく、立法上の政策的制約として整理すべきだ、ということです。

「大した違いじゃないいじゃないか、そのくらい妥協して内閣のために協力しろよ。足を引っ張りたかっただけじゃないか」

そのように言う方もおられましたが、この点は、長い間有権者の支持をいただき、国会に議席を与えていただいている者として、ゆるがせにはできないポイントでした。「安倍総理を後ろから撃つ卑怯者」とか、「もっといいポストが欲しいからだろう」とか、様々なご批判も頂きました。しかし、この相違点をないがしろにして仮に防衛相を拝命していたら、国会審議などで矛盾を突かれたとき、それこそ総理や内閣にご迷惑をかけることになります。

このことは私の思う「国会議員とは何か」という問題と直結する、根幹の問題でもあります。

国会議員を続ける理由

私の父、石破二朗は内務省の官僚から鳥取県知事となり、参議院議員になりました。官僚としては建設事務次官、議員時代には自治大臣を務めました。

そんな父に、それらの仕事の中でやりがいがあった順番を問うたことがあります。すると、一番が建設事務次官、二番が鳥取県知事、三番目が自治大臣という答でした。

もちろん国会議員としても、やりがいは感じていたのでしょうが、高度経済成長期における官僚、なかんずく建設事務次官の裁量の大きさは今の比ではありません。県知事も同じでしょう。

子供の目から見た記憶では、父がもっとも活き活きしていたのは県知事時代だったように思えます。故郷を深く愛していた人でした。

「どんなに小さくても貧しくても、鳥取県はわが故郷だ」

そのように言っていたのを今もよく憶えています。

実際に、東京都知事になることを打診されたのに、それを断って故郷・鳥取の知事となったそうです。県知事としては十五年ほど在任しており、その間、常に全力投球をしていました。本気で県民一人一人の幸せを考えながら働いていたと思います。

そんな姿を間近に見ていましたから、私にとって地方の知事や市長といった仕事には特別な思いがあります。とてもやりがいのある仕事であり、また人々の生活に直結した身近な政治を行うのはこうした自治体の首長や職員の方々だと、今でも強く思っています。

では、なぜ私は国会議員である必要があるのか。

それは「自立精神旺盛で、持続的に発展する国づくり」を実現したいと思っているからです。そしてその究極の手段として憲法改正が必要だと思っているからです。地方の首長も議員も、有権者と近いところで仕事をするやりがいがあるでしょう。

しかし国全体のことを考えて法律をつくったり、憲法改正に尽力したりすることは、国会議員にしかできない仕事なのです。私は、自分が思うような憲法改正が実現できたら、いつ国会議員を辞めても本望だと思っています。これが私の政治家としての行動を規定する、一つの軸となっているのです。

離党の理由も憲法

一時期、自民党を離党したことも、この憲法改正に対する考え方と直結しています。細川連立政権の発足によって野党となった自民党の総裁は河野洋平先生でした。そして、河野総裁をはじめとする当時の執行部は、それまでの党是であった憲法改正を棚上げにしてしまいました。一方で、小沢一郎先生などの作った新生党は、集団的自衛権の行使容認を政策として掲げていました。

これで、当時の私は、新生党こそが自民党が失ってしまった改憲の精神を継ぐ新しい保守政党だと信じ込んでしまいました。当時の小沢先生に保守の本質を見たように思ったものです。

その新生党はいくつかの新党と合従連衡し、新進党となりました。ところが、その新進党として初めて挑む総選挙の直前、驚くようなファクスが事務所に送られてきます。新進党は「集団的自衛権は行使しない」「消費税は二十一世紀まで三パーセントのままにする」という公約を掲げたのです。

自民党を離党してまで取り組もうとした政策がまたしても否定された。そのファクスを見てすぐに私は離党を決意します。結局、その時の選挙は無所属で出馬し、当選します。自民党に復党したのはその翌年のことでした。

政策こそが行動の基準である

あの時、自民党を離党したことを理由に、私に対して厳しい見方をなさる方も少なからずおられるようです。自民党離党、新進党離党という事実に対するご批判は甘んじてお受けします。

しかし、その理由についてはいま述べたように、当時の自民党の政策の方針、あるいは新進党の政策の方針が、私がそれまで訴えてきたこと、本来の自民党が、当初の新進党が訴えてきたことと異なるものだった、ということなのです。しかも憲法や集団的自衛権は私にとって譲ることのできないライフワークといってもよい政策であり、私は今に至るまでこれらの政策を毎回訴えて当選してきました。

だからこそ、有権者に対する責任として、私は自分の行動の基準は、政策を軸にしたものでなければならないと考えているのです。

永田町においては、意外なほど人間関係を軸に行動を決めている人がいるように思えます。感情としては理解できますが、果たしてそれは有権者が望んでいる姿なのだろうかと疑問に思うこともあります。

自身の掲げた政策に向かって突き進んだ政治家として、多くの方の記憶に新しいのは小泉純一郎元総理でしょう。一貫して「郵政民営化」を訴え、総理になり、それを実行されました。郵政民営化そのものの是非はいろいろな意見があるところでしょうが、少なくともその一貫した姿勢が国民の共感につながったはずです。いまだに人気が高いのは、その証拠ではないでしょうか。そして、一方で、政策を軸にしない政党の離合集散が共感を集めないことも、また事実であると思っています。

憲法改正は国会議員の最大の存在意義

1章で、自民党の綱領を紹介させていただきました。その冒頭にも、

「日本らしい日本の姿を示し、世界に貢献できる新憲法の制定を目指す」

「日本の主権は自らの努力により護る。国際社会の現実に即した責務を果たすとともに、

一国平和主義的観念論を排す」

とあります。

世間には、日本国憲法を世界遺産に登録しようとか、日本国憲法自体を金科玉条、変えてはならない神聖なもののように思っている方もおられるようです。しかし憲法は国民のためにあるものであって、国民が豊かに幸せに暮らすために憲法が役に立っていないとすれば、変えるのは当然です。

特に安全保障に関しては、東アジア地域の現在の状況を「何の危機もない」などと考える人は、多少なりとも外交や防衛について考えている人であればほとんどいないと思います。様々な脅威に直面している中、「平和を愛する諸国民の公正と信義に信頼して、われらの安全と生存を保持しようと決意した」とうたっている日本国憲法が国民の幸せに資するものとは、私には到底思えません。

だからこそ、憲法改正案を発議し、国民投票にかける。これは国会議員にしかできない仕事です。なんとか私が議席をいただいているうちに、私の思う憲法改正を実現したい、と今でも本気で思っています。

集団的自衛権を整理する

ここで少し、集団的自衛権について整理してみましょう。

長年続けてきた政府解釈は、「我が国は国際法上は集団的自衛権を有しているが、憲法上その行使は認められない」というものでした。

それは、我が国が憲法上認められているのは、たとえ自衛権に基づいたものであっても「必要最小限度の実力行使」に限られる、としているからです。

今回の平和安全法制においては、この「必要最小限度の実力行使に限られる」という解釈は踏襲したままで、時勢の変化により、「必要最小限度」の中に含まれる集団的自衛権、というものが生起することとなった、というふうに解釈を変更しました。

しかし、いったんおおもとにかえって考えてみると、憲法九条には、集団的自衛権を認めないとは書いてありません。自衛権そのものは憲法以前の存在、国家に自然権的に認められたものだとしているのですから、論理的には憲法から「集団的自衛権行使不可」という結論は導き出せないのです。

実際、政府の解釈も何度か変遷を遂げています。憲法制定時に遡れば、当時の吉田茂総理は、「個別的自衛権すら日本にはない」という答弁をしていました。その解釈は変えられ、自衛隊が生まれます。憲法が変わったわけではありません。

つまり当時は「集団的自衛権は認めないから、せめて個別的自衛権を認めてほしい」という解釈が採用された。これはあくまでも政策判断です。

だから集団的自衛権行使は、憲法上の問題ではないと私は思っています。集団的自衛権は、理論的には現行憲法上も認められる。ただし、その行使にあたっては、法律で厳しく制約をかけるべきだ、ということです。

これが、先ほど述べた自民党で党議決定された「国家安全保障基本法」の考え方です。

そして、二〇一二年の日本国憲法改正草案における安全保障関連の条文（抄）は次の通りです。

「第二章　安全保障

（平和主義）

第九条　日本国民は、正義と秩序を基調とする国際平和を誠実に希求し、国権の発動としての戦争を放棄し、武力による威嚇及び武力の行使は、国際紛争を解決する手段としては用いない。

2　前項の規定は、自衛権の発動を妨げるものではない」

「自衛権の発動を妨げるものではない」――こう変更することで、個別的か集団的かといった不毛な議論に終止符を打つことができます。

国家安全保障基本法は、憲法改正以前に成立することを期し、現行憲法のもとでの集団的自衛権の行使の態様を限定し、最終的には憲法改正によって憲法上の疑義を払拭《ふっしょく》する。これが私の考えであり、自民党の考えでもありました。

いま改めて、この二〇一二年の自民党憲法改正草案を眺めると、防衛庁長官時代（二〇〇二～二〇〇四年）のことを思い出します。

あの頃、「文民統制とは何か」をさんざん考え、国会でも議論してきました。制服組を、内局と言われる背広組の官僚（文官）が統制するような「文官統制」から脱し、内局官僚も含めて政治が全体を統制する真の「文民統制」を目指さねばならない。その考えをもとに防衛庁改革を進め、一方で制服組と背広組のさらなる協働体制を構築し、他方でラインと呼ばれる指揮命令系統を明確化するために陸上総隊司令部を創設するところまでこぎつけました。そして、自民党の憲法改正草案においては、こうした文民統制をより厳密に運営できるように明記したのです。

国家安全保障基本法と憲法改正草案が党議決定されたことには、野党とはいえ、自分が政治家としてやるべきと信じることを前に進められたという達成感がありました。

これらはもちろん、その後の選挙の公約ともなり、合計五回にわたる国政選挙の風雪に耐えています。国民にこうした考えを示してきたのですから、自民党が再び政権に返り咲いた以上は、これを与党として進められる。さあやるぞ、という強い思いがありました。

しかし、残念なことに、その後、この国家安全保障基本法は議論の俎上に上ることはなくなっていきました。同様に、二〇一二年自民党憲法改正草案も、「あれは野党時代のもの」として現実味がないかのように考える人がいるのは、とても残念です。この点、二〇〇五年、自民党が与党の時に取りまとめた草案における安全保障部分も、二〇一二年草案とほとんど変わっていません。与党であるとないとにかかわらず、自民党として議論を集約した結果が二〇一二年草案の考え方だと私は考えています。

閣内不一致を避ける

さて、安倍政権において集団的自衛権を行使可能とする平和安全法制の議論が進んでいくにつれ、その考え方は、かつて党内で議論して決めた国家安全保障基本法や憲法改正草案とは別の論理に基づいたものとなっていきました。

先ほども少し触れましたが、平和安全法制のもとでの集団的自衛権の一部行使容認は、我が国の「自衛権」の範囲が少し広がるという考え方に基づくものです。憲法のもとで認められる自衛権は「必要最小限度」のものである、という解釈は変えずに、時代の変化によってこの「必要最小限度」の範囲が変わり、「『必要最小限度』の中に含まれる集団的自衛権」というものが認められるようになった、ということです。それが法律の要件として「存立危機事態」と規定され、この事態においてのみ限定的に行使が認められる、というものです。

平和安全法制の審議の頃、国会やテレビで総理が「こういうケースでは集団的自衛権の行使が認められます」といった説明を、パネルなどを用いながらされていたことをご記憶の方も多いでしょう。

しかし、これは今までご説明した私の考え方、従来の主張とはまったく違うものでした。そして過去に時間をかけて党で議論し、導いた結論とも異なるものでした。

安倍内閣が、党の議論とは別の論理を採用して集団的自衛権の行使を可能とするに至ったのには、色々な理由があるでしょう。

ただ、党の議論の経緯を熟知し、その理論を掲げてきた私が、この担当相として説明に立ち、過去の発言との違いを国会で追及された場合には、たちまち答えに窮してしまうであろうことが容易に想像できました。

「石破さん、あなたは集団的自衛権行使は憲法の問題ではないとずっと主張してきましたね。その論理で国家安全保障基本法を提案していましたね。今回はそれとまったく違うということは、考え方を変えたんですか」

そのように問われた際に、「はい、実は考え方が変わりました」と言うのでは、もはや私が国会議員として存在する意味がなくなる。私にとってこの問題は、そのくらい大事なことです。しかし一方で、「実は私の本当の考え方とは違います」と言ったら、「総理と考え方が違うじゃないか。閣内不一致だ」

そう追及されるのは必至でした。

内閣の一員となるからといって、必ずしも時の総理とすべての意見が一致している必要はない。少なくとも自民党は、そこまで議員を統制し、意見を強要する党ではありません。

小泉内閣において防衛庁長官を拝命するときも、総理から、「小泉内閣の方針に異を唱えないという条件で」と念を押されたことがありました。このとき仰った「方針」とは「郵政民営化」のことに他なりません。

実のところ、個人的には郵政民営化に全面的に賛成という立場ではありませんでした。しかし、それは私の政治家としてのアイデンティティというほどのものではなく、そもそも担当する防衛庁とは直接関係のないテーマだったので、この条件でお受けすることができました。このように、すべての法案に全面的に賛成できないから閣僚を務められないということはありません。

しかし、私は二〇一二年憲法改正草案や国家安全保障基本法の制定に深く関わってきており、私の答弁次第で閣内不一致と言われ、内閣、なかんずく総理にご迷惑をおかけする可能性がある以上は、担当大臣をお引き受けするわけにはいきませんでした。

基地問題との関係

今でも、わが国において、正面から「集団的自衛権行使を認めよ」などと言えば、強い反発を招くであろうことは承知しています。きわめて限定的に認めようと進められた安倍総理ですら猛烈な批判を浴びたのですから、私のように、「憲法上は全面的な行使も認められる」などという主張をしたら、いかにそれが世界の常識であるとはいっても、いわゆる護憲派の方々からは強い反発を買うことでしょう。

しかし、そうした方々にこそ、ぜひ考えて欲しい点があります。この問題と沖縄の基地問題とは深く関係しているということです。往々にして「集団的自衛権は危険だ」という人と「沖縄から米軍基地をなくせ」という人は、かなり重なっているように思えます。でも、これはとてもおかしな話です。

かつて一九五五年、鳩山一郎内閣において、重光葵‐ジョン・フォスター・ダレス会談というものが行われました。重光は当時の外務大臣、ダレスは米国国務長官でした。この時、重光外相は、日本の集団的自衛権行使を可能にするということを考えていました。そうすることによって、日米の関係が対等となるからです。

一九五二年、日本はサンフランシスコ講和条約の発効によって独立を果たしていましたが、一方で同時に締結した日米安全保障条約は決して対等とは言えないものでした。

簡単に言えば、アメリカは日本を守る義務があるが、日本はアメリカを守る義務はない。ただし、その代わりにアメリカは日本に米軍基地を置く、というものです。これを非対称双務条約と言います。双方に義務を負っているけれども、負っている義務が異なる（対称ではない）という意味です。

独立国同士の条約でありながら、このような形になってしまった最大の原因は、日本が集団的自衛権の行使を認めていなかったことにあります。

重光外相はこの状況を変えるべく、「日本は集団的自衛権を行使してグアムまで守る、その代わりに日本国内の米軍は撤退してもらい、より対等な関係にしたい」と訴えたのです。

重光外相は、敗戦直後の外相でもありました。日本政府の全権代表として、ミズーリ号で日本の降伏文書に署名する役目も担った人物です。それだけに、日本の独立に強い思いがありました。他国の軍隊に条約上の義務として国土を提供するようでは主権国家とは言えない、対等な同盟国とは言えないではないか。そう考えたのです。

しかし、ダレスはこの提案を一蹴します。

「私の知る限り、日本の自衛隊は集団的自衛権を行使できないはずだ」

のちに公開されたダレスの書簡からは、アメリカの当時の考え方、あるいは本音が読み取れます。アメリカにとっての最大の国益は、日本にアメリカの防衛を手伝ってもらうことではない。日本の領土、領海、領空を使えること、自由に在日米軍基地を使えることこそがアメリカの国益だ――そう書いているのです。重光の要求に対してダレスは、

「とうとう日本がフィリピンのようなことを言いだした」

とも書いています。そんな要求を認めるわけにはいかない、というのが当時のアメリカの考え方でした。

そして、実際のところ、ダレスの言うのももっともな面がありました。当時の日本国内でも、「自衛隊が集団的自衛権を行使できる」などといった解釈は全く主流ではなかったからです。ダレスの主張は、ある意味で正論だったのは間違いありません。

問題は、このような関係が戦後七十年以上、ずっと続いてきたことです。

ここで誤解なきように補足しておきますが、私は決して「対米従属はけしからん。日米安保を破棄せよ」などという非現実的な主張をするつもりはありません。私は日米安保も米軍の日本駐留も、間違いなく日本の抑止力と地域の安定に寄与しており、安全保

障上必要な政策であると思っています。

しかしその根拠が、憲法によって集団的自衛権の行使が認められないので、その代償としてアメリカに自由に基地を置かせる義務を日本が負う、というようなことであってはならない、と考えています。それでは独立国とは言えません。

日本人が自分の頭で真剣に考えて、「ここまでは自力で守れる。でもここから先は米軍の力を借りよう」という結論を下し、同盟国との協力関係を築くという形でなければならないのです。

戦後日本は、集団的自衛権の問題、あるいは憲法の問題を突き詰めて考えてきませんでした。安全保障のほとんどはアメリカにお任せ、その代わりに日米同盟の名のもとにアメリカの主張に従います、ということで過ごしてきました。そのやり方には大きなメリットもありましたが、一方で、「自分の国は自分で守る」という基本的な考え方や気概を奪ってしまった、という負の面があることも認識しなければいけません。

主権国家に当たり前のように外国の軍隊が大規模に駐留している。そこに疑問を持たない。これは主権国家の国民の意識として、どう考えてもおかしなことです。私が「自立精神旺盛な国をつくりたい」と申し上げている一端が、ここにあります。

独立国として国を守る

最近、沖縄の小学校に米軍ヘリの備品が落ちたこと、また小学校の真上を飛ばない約束なのに飛んでいたことなどが問題となっていますが、それ以前にも米軍機の不時着などで様々な被害が出ています。

これらについて毎回、日本政府は米国に対して申し入れをしています。しかし実のところ、日本政府はほとんど「申し入れしかできない」というのが現状です。日米合同委員会で協議することにはなっていますが、条約上の義務として米軍基地を置いているという原則がある中で、どこに基地を置くか、日本の領空のどこを、どんな高度とスピードで飛ぶか、違反行為があった場合にどうするか、機体の不具合が確認されたときどのような手順でどこに避難するか、これらの細部について日本側から強く主張できるでしょうか。もちろん交渉としては成り立つかもしれませんが、米側からすれば「日本のために訓練をしているのになんだ」ということにもなるでしょうし、一蹴されたとして日本側がなにかできるわけではありません。

米軍基地に反対される方々が常に問題視する「日米地位協定」は、日米安全保障条約と一体です。ですから当然、突き詰めていけば、地位協定の問題は集団的自衛権の問題、憲法の問題となるのです。このように考えれば、私が先ほど申し上げたように「米軍基地反対」と「集団的自衛権を認めるな」が矛盾する、ということがご理解いただけるのではないでしょうか。

ごくシンプルに事実を認め、論理的に考えれば、集団的自衛権が行使できないからこそ、米国との条約は非対称なものとなっているのです。だから在日米軍の規模を縮小させたいと真剣に考えるなら、集団的自衛権の行使を認め、条約を対称なものとした上で、その主張をしなければなりません。

ところが米軍基地撤退を訴える人たちが、集団的自衛権行使容認にも反対している。明らかに論理が矛盾していますが、そこはあまり問題になりません。

こんなおかしなことがまかり通っているのは、そもそも日本の安全保障のあるべき姿を、私たち自身で真剣に考え抜いてこなかったからです。

「憲法九条にこうあるから仕方ないよね」というのは、厳しい言い方ですが一種の思考停止です。日本を守るために何が必要なのか考え、国会で議論し、国民的な議論を呼び起こしたうえで政策選択をする。

それはとても面倒なことでしょう。しかし、民主主義国において国を守るとはそういうことではないのでしょうか。

リアリストとは何か

集団的自衛権の一部行使、つまり平和安全法制に関して、安倍総理のお考えはおそらくこういうことだったのでしょう。従来の自民党の「集団的自衛権の行使は憲法上禁じられていない」という主張をベースにして、そこに制限をかける形の立法では、国会を通らない可能性が高い。公明党の理解も得られないだろう。であれば、「憲法上制限がある」ということを前提として、一部分の行使を容認する、としたほうが通りやすい――。ある意味の現実路線とも言えます。

二〇一七年、安倍総理が提起された憲法改正についても同様のアプローチと言えるのかもしれません。従来の自民党憲法改正草案では国会を通らないから、「次善の策」として「三項を加えて自衛隊を明記する」というプランはどうかと考える。まずは改憲することを優先するための判断かもしれません。

それを踏まえて、このように言う方もいるかと思います。

「まあ理屈では石破さんの言う通りかもしれない。でも、今は安倍さんのプランのほうが世間に通りやすいってことなんだよ。理想を言っても現実が動かないんじゃ仕方ないでしょう。もうちょっと現実と向き合いなよ」

そして、このようなアプローチをする人をリアリストと呼ぶ人がいるかもしれません。

しかし、私はまさにそこを問いたいのです。

それは本当にリアリストなのだろうか、本当に現実と向き合っていると言えるのだろうか、と。

難しいこと、高い理想を言ったところで世間は理解しない、というのは本当なのでしょうか。本当に誠心誠意、ここまでに述べたようなことを丁寧に説明しても、国民を説得できないのでしょうか。私にはとてもそうは思えないのです。

私たちが向き合うべき現実

「現実」とは何でしょうか。私たち政治家が向き合うべき現実は、国会をどうスムーズに通すか、国民の反発をどう少なくするかといったことだけではないはずです。

安全保障の分野において、向き合うべき現実とは何か。

北朝鮮は十五年前と比べて格段に高い軍事技術を有するようになり、すでにいつでもどこからでも何発でもミサイルを発射できるようになりました。金正日《キムジョンイル》時代よりも行動をエスカレートさせており、国内で側近を粛清し、海外で実の兄を暗殺する、若く経験に乏しいリーダーがいる。これが現実です。たとえ米朝会談が行われ、雪融けムードが醸成されたからといって、決して油断できる相手ではありません。

北朝鮮は、過去に何度も約束を反故《ほご》にしてきた国なのです。これも現実です。中国の軍拡も、今のところ留まるところを知りません。これもまた向き合うべき現実です。

「だから米軍と協調するのが一番だ」というのは一つの解でしょう。しかし、一方で米軍との協調にもリスクがあるというのも、また私たちが向き合うべき現実です。

仮に米軍ヘリから落ちた備品が子供を直撃したらどうなるのか。米軍機が住民のいるところに墜落したらどうなるのか。おそらく大変な反米感情が沸き起こることでしょう。在日米軍が地域の安定と我が国の抑止力に寄与しているからこそ、このような状況になってしまえば、我が国にとっても、東アジア地域にとっても大きな悪影響が生じます。

宜野湾市の大学構内に米軍ヘリが堕落したのは、私が防衛庁長官在任中のことでした。

不幸中の幸いは、民間人に死傷者が出なかったことです。仮に学生が死亡するような事態になっていたら……と思うとぞっとします。

沖縄の米軍基地問題についても、いったい地元の方々は何に対して怒っているのか、という点についてもう少し思いを馳せる必要があるだろう、と考えています。「基地反対派」をひとからげにして、「反日」「左翼」「中国の手先」といった見方を目にすることがありますが、これはあまりにも乱暴ではないかと思うからです。

私はもちろん、「米軍基地を全面撤去せよ」といった立場は決して取りません。が、丁寧に聞けば、沖縄の人たちの意見も「全面撤去せよ」といった極端な話ばかりではありません。

私たち日本国民はまず、先の戦争において地上戦が行われ、県民の四分の一もの死者を出したのは沖縄だけだ、という点をきちんと認識しなければならないと思います。沖縄での決戦は、本土を守るために長引くことになったという面もありました。もちろん東京も広島も長崎も、その他の多くの地域も多大な犠牲を払っています。しかしそれは、沖縄の被害がきわめて甚大だったことを軽視する理由にはなりません。

そして沖縄に米軍基地が集中しているのは、必ずしも沖縄が地政学的に重要な位置を占めているからというだけではありません。終戦直後には本土にも多数存在した米軍基地について、一九六〇年代の安保闘争の流れの中で大きくなる反米感情を考慮して、まだ日本に復帰できていなかった沖縄に都合よく機能を移転したという経緯もありました。

こうしたことは沖縄の人にとっては常識ですが、必ずしも本土ではそうではない。このギャップが、共感の欠如につながっている可能性もあるでしょう。

沖縄の負担については、たとえば自衛隊の海兵隊機能を強化することで改善できるかもしれません。

海兵隊は一部の人の言うような「殴り込み部隊」などではありません。島嶼部を擁する海洋国家では当然の、自国民の救出と島嶼部の防衛を主任務とする部隊です。今まで自衛隊には「海兵隊」はありませんでした。ようやく先般、「水陸機動団」が新編され、海兵隊的な機能が付与されることとなりました。これを拡充し、自衛隊で行なえる任務の分は米海兵隊を削減していくようにしてはどうか、ということです。

スタンプ集めに意味はない

安全保障という国の根幹に関わる問題について本質的な議論とは、我が国にとっての脅威とは何か、それに対して抑止力をいかにして維持し強化するか、あるいは有事に至らない態様で領土主権が侵された場合にどう対応するか、という具体論のはずです。しかしこういった議論は、国会ではほとんど行なわれず、憲法の解釈をめぐる攻防ばかりが繰り返される。

それは政権復帰して、「一強」と称されるような状況になっても変わりませんでした。

これでは、国民的な議論の広がりが期待できるはずはありません。

「ポスト安倍」として名前を挙げられるのは光栄なことですし、そのためには、もっとうまく立ち回ることもできたのかもしれません。望まれる通りに大臣を務め、党内でも波風を立てず、余計なことは言わない……一つずつスタンプカードにスタンプをためるようにして、何らかの「実績」を積み、「賞品」と交換してもらうというのも、世の中を渡る一つのやり方でしょう。そのほうが政治家として快適に生きられるのかもしれません。

しかし、それでは何のために政治家になったのかわからなくなってしまいます。

党内議論を軽視してはならない

憲法改正に限らず、最近、自民党内でのそれまでの議論を踏まえずに政府部内のみで決定される政策が多いように思われます。それが「政高党低」と言われる所以《ゆえん》かもしれません。

かつて党を二分し、離党者まで出した郵政民営化の議論であっても、党内のプロセスは踏んでいました。小泉元総理は、長年の持論であるこの政策を訴えて総裁選に出馬し、選ばれました。つまり、その時点で郵政民営化は党内で多数の支持を得ていたとも言えます。

しかし最近の政策、例えば農協改革や消費税の使途変更、裁量労働制の拡大など、党内の議論と手続きを経ることなく、突如として政府の政策となって出されるものが目に付くようになりました。総選挙の直前に消費税の使途を子育て、教育に拡大するという方針について私が初めて耳にしたのは、カーラジオから流れるニュースでした。聞いてひっくり返るほど驚きました。

党内議論というのは、「自民党の都合」で決まるものではありません。自民党の利益のために決めているものでもありません。それは、国民の代表である国会議員の議論の積み重ねなのです。

党内議論のプロセスというのは、国防部会、農林部会、水産部会、経済産業部会など、「部会」という政策分野別の組織を単位として、時にはその下の委員会や小委員会、プロジェクトチームなどから、時には部会そのものから、テーマが提起され、部会で議論を煮詰めていきます。そこには「インナー」あるいは「幹部会」と呼ばれる、その分野に詳しく経験も豊かな少数議員のみの会合と、「平場」と呼ばれる、党所属国会議員なら誰でも参加できる会合とがあり、何回かの議論を重ねて、党の政策として提言、法案、予算案、といった形に仕上げていきます。政府案であっても、国会に提出を予定するものについては、この部会にかけて、必要があれば修正をかけていきます。

もしかすると、党内議論を経ることなく政府が決めてしまうやり方を「新しいリーダーシップ」と、あるいは「民意との近さのあらわれ」と考える方が、国民の中にもいるのかもしれません。しかし、これは大きな間違いだと言わざるを得ません。

たしかに過去、「族議員の暗躍」などと言われ、党内議論が紛糾した結果、政府案が提出できない、といったこともありました。また、こうした議論やプロセスは時間がかかり面倒なものではあります。これらに鑑みれば、「物事を動かすにはこれしかない」

と国民に直接訴える、という手法を取りたくなる気持ちは十分に理解できます。

しかし、このような手法はどうしても迎合的になる傾向が出るものです。そもそも、自民党内の議論すら経ないとなれば、議院内閣制における与党の意義が失われてしまいます。それは決して健全なことではありません。

強い論理こそが道を拓く

忘れてはならないのは、党内議論を経た政策のほうが、論理的説得力は強くなるという点です。反対意見を言う議員を説得し、そのうえで論理を構築し、修正すべき点については修正していくのですから、ある意味で国会での論戦を先取りしているようなものです。

このようなプロセスを経ない政策は、一見近道のようであっても、どこかで頓挫してしまう可能性が高くなります。たとえ党内が事後報告的な扱いで了承したとしても、連立与党のパートナーである公明党との折衝がありますし、国会にかけられれば野党の質疑に耐えなければなりません。その間に報道されて、国民世論がどう反応するかということもあります。党内議論を経ない政策は、これらに耐えうる論理的説得力に乏しくなってしまうのです。

民主主義とはプロセスです。面倒だからといってプロセスを省くことは、広くコンセンサスを得て国民の多数に支持をいただいて物事を前に進めていく、という民主主義の理念と相いれないものとなりかねないのです。

3

丁寧に説明すれば国民は理解してくれる

三つの衝撃

私が政治家になったのは一九八六年。まだ冷戦のさなかでした。

それから現在まで、信じられない思いでテレビを見た出来事が三回あります。一九九一年のソ連崩壊、二〇〇一年の9・11（アメリカ同時多発テロ）、二〇一一年の3・11（東日本大震災）です。

ソ連の崩壊を目の当たりにしたとき、私は「あれだけの強大国がこんなにも脆《もろ》く解体されるものか」と衝撃を受けました。

ソ連崩壊に先立って冷戦は終結し、一九九一年に起きたのが湾岸戦争でした。新米議員だった私が政治家となって初めて身近に経験した戦争です。

湾岸戦争が起きたときのことは今でも鮮明に憶えています。当時、自民党の部会では、この事態に日本は何をすべきなのかが当然議論されました。しかし、その場にいる誰もその答えを持っていなかった。自民党も、外務省も、まったく考えがなかったのです。PKOとは何かということを知る者もほとんどいなかった。責任を持つべき者たちがその調子ですから、当然国民の多くも同じだったことでしょう。

無理もないことでした。冷戦時代の日本はそんなことを考えなくても済んだからです。アメリカとソ連は対立している。しかし、ほぼ自動的に西側（アメリカ）陣営に組み込まれていた日本は、逆に言えば世界の平和や秩序の維持に積極的に関与する余地も必要もなかった。それですべてが回っていたのです。

何となくうまく回っていた時代

安全保障だけではありません。経済も高度成長期から「ジャパン・アズ・ナンバーワン」と言われた絶頂期の余韻のままバブル期を迎えており、このまま成長が続く、好景気が続くとほとんどの人が思っていました。今から思えば不思議な時代でした。

そんな時代に、国会で国家の根幹に関わる大きなテーマを議論することはタブーでした。憲法、安全保障、外交、財政……本来、国政に携わる者たちが議論すべきテーマに関わる本質的なことがらはすべて「まあいいじゃないか」とばかりに先延ばしにされてきたのです。

冷戦が終わり、バブルもはじけるとそうはいかなくなりました。国政がその本旨に立ち返り、国を造りかえるための大きな方針を示さなければならない時代となったのです。

しかし、政治は必ずしも時代の要請に的確にこたえることはできませんでした。日本社会がそうであったように、政治もまた、冷戦下の経済成長期、つまり「ほとんど何もしなくてもいい時代」に慣れ切っており、急激な変化を後追いして懸命に状況に対応しようとしながら、後手後手に回っていたように思います。

1章で自民党が新しく綱領を定めたことについて触れましたが、その背景には、こうした問題意識がありました。この新綱領の制定が二〇一〇年であることを考えれば、やはり新しい時代に合わせるために二十年もかかってしまったと言わざるを得ません。しかしそこに「自助、共助、公助」「経済成長と財政再建」「憲法改正」といった大きな方針が盛り込まれたことは、やはり画期的なことと言っていいのではないでしょうか。

これらの方針は、必ずしも世間に受けのよいものばかりではありません。それでも後世、「なぜ政治家はあのとき、誰も真実を言わなかったのか」と言われるようなことのないよう、必ずしも選挙に有利なことではないことも、我が国の持続的な発展のために必要なことはきちんと盛り込んだのです。

『昭和16年夏の敗戦』(猪瀬直樹・著　中公文庫)という本があります。これまでにも何度もご紹介してきた、私の考え方に大きな影響を与えた本です。国会の質問でも引用したことがあります。

この本を読むとよくわかるのは、対米戦争について「日本に勝ち目はない」とわかっていた人は、当時の政府にもいたということです。総力戦というのは、結局は国力がものを言うことになる。「総力」には工業生産額、資源埋蔵量等も含まれる。それらを冷静に比較した場合、日本がアメリカに勝つはずがありませんでした。

本のタイトル通り、昭和十六年（一九四一）夏の時点ですでに政府に命じられて「総力戦研究所」が行った緻密なシミュレーションでは、日本の敗戦が明白だったのです。ただし、その結果については国民は一切知らされませんでした。

「ひょっとしたら負けるかも。止めたほうがいいのでは」

そんなことを言ったら非国民、臆病者扱いされる時代でした。そして東条英機総理は、「いくさは時のものだ。やってみなければ分らない」と言って結局開戦します。その結果、約三百万人の命が犠牲になり、国土は焦土と化しました。

あのとき、もしも本当のことを言う人がもっと政治家にいたら、どうだったのか。たとえば満州を諦めて、台湾と朝鮮だけで我慢しよう、と提案していたら。悔しくてもハル・ノートを受け入れていたら。

この教訓は、何かを知り得る立場にいる人間、考えるべき立場の人間には正しい道を示す義務がある、ということではないか、と私は考えています。そして政治家にはそういう義務がある、と。

だからこそ、私は今でも、たとえ反発を受けることが明らかでも、正しいと考えることを口にするようにしているのです。

地方創生担当大臣

結局、私は二〇一四年から、政権が新しく進める政策となった「地方創生」を担当する大臣を務めることになりました。

従来から私は一次産業、そして地方のポテンシャルは相当高い、とずっと思っていました。どうしても「防衛オタク」といったレッテルが強いようで、安全保障分野のみに通じているように思われがちですが、もともと私は農水族出身でもあります。

東京の病院で生まれましたが、一歳から十五歳まで鳥取県で生活をしていましたので、自身の原点は鳥取にあると思っています。だから、プロフィールでも鳥取県出身と記すようにしています（鳥取生まれ、ではない）。実家は兼業農家でした。

私の子供の頃の、地方にたくさん観光客が来て、公共事業や企業誘致で賑わっていた時代も、その後に地方が衰退していく様も見てきましたし、だからこそ地方のポテンシャルをもっと伸ばす手伝いをしたいと考えてきました。その意味で、地方創生担当大臣は実にやりがいのある仕事でした（その後の取り組みや、考えについて、詳しくは『日本列島創生論――地方は国家の希望なり』に書いたので、ご興味のある方はぜひお読みください）。

地方創生担当大臣を二年間務めた後、農林水産大臣というお話もありましたが、TPP交渉に関して、それまでまったく関わっておらず、その経緯もわからない私より、もっと事情に通じた適任者がいると申し上げました。

有難いことにずっと様々な役職を務めさせていただきましたが、もう少し充電したいという気持ちも強くありました。人間にはインプットとアウトプットがあると思いますが、重責にあるとどうしてもアウトプットが多くなり、まとまったインプットがないと落ち着いて考えをまとめられないという焦りに似た気持ちもありました。

こうして、二〇一六年、私は閣外に出ることとなりました。

天皇陛下について

その後、自由な立場から思うところを発信してきました。安倍総理には熱烈な支持者の方が多く、私が政府の方針に異を唱えると、それだけで反発を買うこともよくあります。しかし、思ったことを言えなければ、政治家になった意味がない、というのが私の考えなのは先ほども述べた通りです。

そもそも自民党は国民政党です。いろいろな意見の持ち主がいて、活発に議論できるのが良いところです。自民党として党議決定するまでの過程で、党内から国民の多様な考えを反映したさまざまな意見が出て、それを踏まえた結論となれば、賛否はともかくも国民の納得は得られやすいのではないでしょうか。

たとえば天皇陛下のご退位に関しても、伝え聞く政府の方針とは異なるけれども、自分の意見を述べてきました。かなり力を入れて長めの文書をまとめ、私のホームページやブログで公開もしていますので、ご興味のある方はお読みください。

この時も、「石破は反対ばかりしている」「総理を後ろから撃っているようなものだ」といったご批判もありました。

しかし、さきほども述べたように、まず党内でいろいろな意見が出なければ、むしろその政府の方針が脆弱になってしまいます。恐れ多くも天皇陛下のご進退について考えようというのですから、その場しのぎのような進め方は許されません。

　戦後、「国民統合の象徴」となられた「天皇」について、もっと私たちは真剣に考える必要があります。国民といっても、右から左まで多様な人がいます。その多様な人々全部の統合の象徴とは、どういうことなのか。

　父・二朗は一九三六年、山形県警察部警務課長をつとめていた時期があります。その年、北海道で行われた陸軍特別大演習を、寒風吹きすさぶ中、じっと身じろぎもせずにご覧になっていた陛下のお姿がとても印象的だった——そのように昭和天皇の話をしていたことがありました。

　私自身は、福井県での植樹祭で今上陛下にお供したときの印象が鮮烈に残っています。前夜のレセプションには、現地の植樹に関わった様々な人たちが参加していました。林業関係者、学校の先生、生徒等々。厳選されたとはいえ、それでも多くの人がいました。

　陛下はその一人一人の話をじっくりとお聞きになるのです。予定の時間を過ぎても、気になさるそぶりもお見せになりません。ずっと立ちっぱなしなので、大丈夫なのだろうか、とこちらはやきもきしていましたが、お付きの人は、

「陛下はそんなことは気になさりません」

と、はっきり言うのです。

ああ、陛下にとってはすべての国民が同じように大切なのだ、これが「国民統合の象徴」ということなのだな、としみじみと感じ入ったものです。

民主党政権時代、小沢一郎氏が中国の習近平副主席（当時）の天皇陛下への謁見を実現させるため、ルールを破り、ごり押しをしたことがありました。中国ほどの大国の、じきにトップになる人間が来るのだから特別扱いすればいいじゃないか、と小沢氏は考えたのでしょう。

しかし、陛下にとっては小国であれ中国であれ同じなのです。それは国民全員を等しく大切に思われるのと似ています。だからこそあの時、宮内庁はルールを曲げることを嫌ったのです。それでは他の国に対して不公平だという陛下の気持ちを推し量ったのだろう、と私は考えています。

このような天皇陛下のあり方は素晴らしいと思いますし、私たちが誇るべきものでもあります。だからこそ、「一代限り」というような解決策は、私は採るべきではないと考えていました。

もちろん、様々な考え方があっていいのです。ただ気になったのは、こんなに大切な問題について、どこまで国民に説明をしたのか、どこまで理解は進んでいるのか、一部の識者や政治家の中だけで決まってしまっていないか、主権者たる国民にそう見られてはいないだろうか、という点でした。

政府の姿勢は誠実ではない、と受け止められていないか。ここがとても心配でした。

二つの学園問題

まったくレベルの異なる話ではありますが、そうした心配が杞憂に終わらなかったのが、「森友」「加計」二つの学園問題であったように思います。

森友学園問題とは、突き詰めれば、行政は公平だったのか、ということでしょう。約八億円の値引きは合理的なものだったのか、買うのが他の法人だったとしても同様の処理が行われたのか、特別扱いはあったのか、あったとしたらそれはなぜなのか。

こうした疑問に丁寧に説明すればいいだけだ。疑惑が指摘された当初から、私はそう考えていましたし、そう繰り返し言ってきました。

ところがまず官僚が「書類がない」「記憶がない」と繰り返す。私の知る限り、官僚ほど書類を残し、記憶力のいい人たちもいないのですが、この件ではそういう説得力のない答弁ばかりが繰り返されました。

加計学園問題も同様です。加計学園は認可に必要な条件をクリアしている。その点を国民やメディアが「もういいです」と言うまで説明をすればよかったのです。

だから私は、いずれの問題においても意見を求められれば、誠意をもって丁寧に説明することが望ましいということを繰り返し述べてきました。残念ながら、政府全体として、時間をかけて説明はしていても、なんとなく的外れな答弁になり、「行政の公平性」について得心していただくには至らなかったのではないかと思います。

加計学園の一件では私の名前も報道で取り沙汰されることとなりました。

「獣医学部を新規に認めるためには、石破地方創生担当大臣が決めた『石破四条件』というものが存在している。これは石破が獣医師会の意向を受けて決めたもので、実質的に新規参入を阻むためのものだ」

一種の陰謀論まで語られるようになり、一部では私こそが加計問題の「黒幕」扱いまでされたものです。これについては取材でも丁寧に説明したのですが、あまり細かくは報道されなかったので、ここで基本的なことを述べておきます。

まず、「石破四条件」なるものは存在しません。該当する文書は二〇一五年六月三十日に閣議決定された「日本再興戦略　改訂2015」であり、閣議決定文書ですからこれは政府の決定であって、どうしても名付けたいなら「安倍内閣四条件」としか言いようのないものです。

次に、そこにおいて示された四条件とは、

①現在の提案主体による既存の獣医師養成でない構想が具体化し、

②ライフサイエンスなどの獣医師が新たに対応すべき分野における具体的な需要が明らかになり、

③かつ、既存の大学・学部では対応が困難な場合には、

④近年の獣医師の需要の動向も考慮しつつ、全国的見地から本年度内に検討を行う。

というものです。

これに基づき、厚生労働省、文部科学省、農林水産省がそれぞれの専門的知見から当事者の主張を聞いて意見を述べ、これらをもとに国家戦略特区認定に権限を有する内閣府が、その責任において判断したものです。ですから、加計学園であろうがなかろうが、これらの判断が適正に行われたという説明を、具体的な根拠を提示しながらすればよい

だけのことなのです。国家戦略特区は一部の地域のみの利益に資するのではなく、全国的にその利益が及ばなくてはならないのですから、これも当然検証されているものと考えられます。

関係省庁（この場合は厚労省、農水省、文科省、内閣府）が協議し、政府全体で閣議決定をした条件ですし、新しい学部の創設にあたって、①～④の条件があること自体に大きな問題があるとは思えません。

迷惑だったのは、この四条件を私が主導して決めて、「これで実質的に新規参入ができないようにした」と日本獣医師会に説明したかのような論説が広まったことです。

これについては、まったく事実無根であることをここで申し上げておきます。そもそも私は、獣医師でもありませんし、日本獣医師会とそれほど密接な関係にはありません。多額の献金をもらっていると指摘した人もありますが、献金を受けたのは自民党幹事長の職に就いていた時だけです。つまり「石破茂」個人にではなく「自民党幹事長」職への慣例のような献金だったという認識です。そもそも献金を受けたから特定の団体に便宜をはかるものでもありません。

おかしな説が広まった理由には、例えば、獣医師会と少しく密接な関係にある方が、私の名前を出して、「石破さんにも私からよろしく頼んでおいた。新規参入はできないように言っておいたから」というようなことを言ったことがあったのだろう、と推察しています。

それがいつの間にか私が新規参入を妨げようとした、といった話に発展するのだから恐ろしいことです。

そもそも私は農水相を務めていたときから、牛や馬などの産業用動物の獣医師が足りない現状を知り、何とかできないかと考えていました。単に獣医学部を増やしてもペットのお医者さんだけが増えては意味がない、それならば産業用動物を優先するなんらかの条件の下で獣医学部を新設してはどうか、とも考えていたのです。

「岩盤規制」と言われるような既存の規制を見直すことで、新しいビジネスや新規の研究開発が促進されるような環境を作るのは、政治の重要な役割の一つです。しかしそれを進めるにあたっては、透明性の高いプロセスと丁寧な説明が不可欠ではないでしょうか。

丁寧に説明するしかない

話を戻せば、二つの「学園問題」について、政府の説明は丁寧さを欠いていたり、必ずしも国民の疑問に真正面から答えなかったりしたのだと思います。この点については私も含め、与党としても猛省する必要があります。

ただ、誤解のないように申し上げておけば、私はいずれの問題でも、安倍総理自身が何か働きかけをしたといったことは一切ないと考えていますし、そのように公言もしてきました。

別に身内をかばっているわけではありません。現実問題として、野党が決めつけているような類の働きかけをする議員は、少なくとも自民党には一回生でさえ、まずいないからです。累次にわたる公職選挙法や政治資金規正法の改正で、この手の話で政治家ができることはほとんどありません。そんなバカなことをしたら、最悪の場合には公民権停止となり、落選どころか立候補すらできなくなることくらい、わかっています。ましてや安倍総理ほどの練達の政治家が、この基本中の基本をご存じないはずがありません。常識的に考えて、「口利き」などありえないのです。

たしかに私たち国会議員のところには、さまざまな方がいらっしゃって、陳情をなさいます。それに耳を傾けるのも私たちの大切な仕事です。しかし、それは個の利益を実現させるためでなく、そういった具体的な問題で困っている方々がどれだけおられるのか、それはシステムの問題なのか、それを改善するにはどのような方策が考えられるかを考えるためのものであって、個別の要望への対応はお受けできません。

こういうスタンスなのです。これは私たちにとって常識です。

だからこそ、私は、事実関係を積極的に調べさせ、細かく丁寧に説明させる必要があると当初から言ってきました。そう言うとまた「総理を批判している」と受け止められたりもしたのですが、私はむしろ、それが総理を守ることになると思っていたのです。

本来、総理が後ろ暗いことなど一切なさっていないからこそ、疑念を持たれるようなところは徹底的に透明にして見せたほうがいい。そのためには佐川宣寿国税庁長官（当時）が記者会見をしたほうがよかったでしょうし、総理夫人もどこかでご自身の声できちんと説明されたほうがよかったでしょう。

おかしくないのにおかしいと思われているなら、それを正していけばいい。説明を求められれば何度でもすればいい。理解してもらえていないと思えば、理解されるまで繰り返せばいい。私が言っていたのは、それだけのことです。

「いくら説明してもわかってもらえない」

ともすれば、このような気持ちになるのは私も同じです。安倍総理にもそうしたお気持ちがあったのかもしれません。

しかし、それでも私たちは、丁寧に説明を繰り返すべきだと思うのです。正直に、誠実に、謙虚に。

論理的な説明は通じる

かつて有事法制の制定に携わったときのことです。私は防衛庁長官でした。

有事の際に国民を守るために絶対に必要な法律でしたが、当初は「戦争準備法だ」といったレッテルを貼られていました。最近の平和安全法制のときとよく似た状況でした。

私はこの時、なぜ有事法制が必要なのか、とにかく丁寧に説明を繰り返しました。とうとう野党議員が「石破長官、もうけっこうです」というくらいまでしつこく説明し、最終的には世論調査でも賛成が多数を占めるようになり、修正協議を経て多くの野党の賛成のもとで可決するに至ったのです。

同様の経験は何度かあります。自衛隊のイラク派遣についても、当初は強い反対論が目立ちました。「自衛隊を危険な海外に出すな」という意見です。

しかし、派遣は国連の方針に沿ったものであり、その内容は人道主義的見地からのイラクの復興支援です。我が国は自由で平和な世界と貿易することで豊かになっている国であり、国際社会の責任ある一員としての責務を果たさなくてはならない。国連中心主義を掲げる以上、当然のことです。

もちろん自衛隊員の命が失われるようなことになってはならない。この難しい問題をどうクリアするか、考えた末に生まれたのがイラク特措法でした。

この時、私はつとめて多くのメディアに出演するようにしました。心がけたのは、なるべく私たちに厳しいスタンスのメディアに積極的に出ることです。だからTBSの『NEWS23』には自ら希望して出演させてもらいました。キャスターの筑紫哲也さんは、もともと自民党に対しては厳しい立場の方で、当然、自衛隊のイラク派遣にも批判的なスタンスでした。

しかしこういう番組に出て、厳しい質問に正面から答えてこそ、多くの人に伝わる、と私は考えていたのです。筑紫さんの繰り出す質問には、すべてきちんと答えることができたと思います。

そして実際に、こうした説明を繰り返すことで、このときも多くの賛成を得られるようになりました。

消費税賛成で当選

選挙でも同様の経験をしたことがあります。私が二期目を目指した一九九〇年の総選挙における最大の争点は、消費税の是非でした。この前年、土井たか子さんをリーダーとする社会党が躍進し、自民党は参議院選挙で惨敗しています。「マドンナブーム」を後押しした一つの要因は、竹下総理が導入した消費税への反発でした。

このため、続く総選挙でも、多くの候補者は消費税廃止を訴えていました。自民党は消費税を導入した立場であったものの、それを前面に出すと良くないと考える候補者が多かったようです。

しかし私は、これから増大する福祉需要のために消費税は必要だと考えていました。そして、それを隠して選挙を戦うことは間違っている、とも。そのため選挙公報でも政見放送でも、「消費税は絶対に必要です」という立場を明確にして訴えました。

後援会幹部の人たちに反対されても、その立場を貫き続けました。その人たちの気持ちもよくわかります。なにせ前回の選挙で私は最下位当選だったのですから。

しかし、結局、この選挙で私はトップ当選を果たします。選挙戦の最中から、「あなただけがなぜ消費税が必要なのかを正面から訴えている」という激励の声をいただいていました。

最近でも、たとえば私の主張する憲法改正案などは、「危険だ」と受け止められることも珍しくはありません。九条二項削減案などは、いわゆる護憲派の方たちからはとんでもないと思われていることでしょう。

しかし、そうした方々に対しても、きちんと懸念に答えるように説明をすることを怠ってはいけないのです。たとえば「集団的自衛権は危険だから認めてはいけない」という方に対しては、こんな風に説明します。

「集団的自衛権は、日本以外の国はすべて行使できることになっています。だから問題は集団的自衛権自体ではないでしょう。危険なのは、集団的であろうが、個別的であろうが、自衛権の名のもとに戦争を始めてしまうということでしょう。それは『軍隊』、つまり実力組織をきちんと国民がコントロールできていればよいことではないのですか。現在のシステムにおいて、主権者たる国民の代表は選挙で選ばれた国会議員です。その国会が、実力組織をコントロールできるようにすればいいのではないですか」

もちろん、それでもわかっていただけないことはあるでしょう。しかし粘り強く丁寧に説明をすれば、一定の理解は得られるものだと、私は信じています。

マスコミのせいにしない

これは以前の著作（『国難――政治に幻想はいらない』）にも書いたことですが、なかなか理解を得られないときについ、マスコミのせいにしたくなるのは人情というものです。「国民も野党も悪いが、本当のことを伝えないマスコミも悪い」というわけです。

確かにマスコミが正確な情報を伝えてくれるとは限りません。私自身、腹立たしい思いをしたことは一度や二度ではありません。政権を取った当時の民主党のマニフェストの非現実性など、多くのマスコミはわかっていながら口をつぐんでいたのに、自民党のこととなると殊更厳しい論調になるメディアも確実に存在しています。

だから「マスコミが悪い」と言いたくなる気持ちは本当によくわかりますし、マスコミ自身が批判されるべき場合には、きっぱりとした抗議や申し入れも必要だと思います。しかし、私は自分の経験から、それだけでは理解が広がらないとも思っています。商業ジャーナリズムには、やはり一定の限界があると考えた方がいいのです。

なかには、こちらの味方をしてくれるメディアもあります。とても有難い存在ですが、そこだけを見て仕事をしても、あまり意味がありません。なぜなら私たちは常により多くの支持を得るように心がけなければいけないからです。味方だけを相手にしていても、支持は広がりません。これは先ほど触れた筑紫さんの番組に出たのと同じ理屈です。「部数、購読者数、視聴者数を増やしたい」「騒ぎを大きくしたい」といった性質をマスコミは持っているものだ。そう覚悟をしたうえで、付き合っていかなければならないのです。

そして、マスコミに対する場合であっても、小手先でごまかすようなことは決してしてはいけないと思っています。なぜなら、その向こうには国民がいるからです。国民に対して何を訴えたいのか、何を理解してほしいのか、常にその原点に立ち返って接していくよりほかにありません。

結局は、どれだけ政策や、その土台となっているビジョンについて自分の言葉で語れるかが重要になるのです。

勇気と真心をもって真実を語る

「はじめに」でも触れたように、私のこうした考え方あるいは行動原理に多大な影響を与えてくださったのは、渡辺美智雄先生でした。

「きみらは、何のために政治家になるのか。勲一等という名誉が欲しいからなのか。『先生』と呼ばれたいのか。お金が欲しいのか。女にもてたいからなのか。

いろいろ理由はあるだろう。しかし、そんな考えの奴は、今からでも遅くない。俺のところから去ってくれ。『政治家』は『お世辞家』じゃないんだ。

本当のことを勇気をもって国民に語るために、政治家はいるのだ。勇気と真心をもって真実を語るのが、その使命だ」

この言葉こそが、私の政治家としての原点です。

先に述べたとおり、最近、これがどれほど難しいことかとしみじみ思います。自民党に対する厳しい意見を耳にするにつけ、私たちは本当のことを、勇気と真心をもって、丁寧に語っているか、理解を得るための努力をしているか、何度も自問しています。

4

本気で国民の命を守るための議論が求められている

Jアラートを向上させる

二〇一七年九月十五日、政府は午前七時に全国瞬時警報システム（Jアラート）を通じて北海道、青森、岩手、宮城、秋田、山形、福島、茨城、栃木、群馬、新潟、長野の十二道県に警報を伝えました。Jアラートは、北朝鮮からミサイルが発射された際などに政府が出す警報です。

この一件でも、「説明が足りない」と感じることがありました。

それぞれの地方では「北朝鮮からミサイルが発射された模様です。建物の中、又は地下に避難して下さい」というアナウンスが流れたとのことですが、この時点ではすでに着弾地点は把握できているはずです。

危険がある場合は、そのあとに「直ちに避難。直ちに避難。直ちに建物の中、又は地下に避難して下さい。ミサイルが落下する可能性があります。直ちに避難して下さい」というのが流れるとのことなのですが、せっかく警報を発するのであれば、最初の警報で国民にどのような状況であるかも可能な限り正確に伝えなければ、避難すべきか否かの判断がつきません。毎回「避難して下さい」と言われるのに、特段の危険はなかった、というようなことを繰り返していると、やがて国民の政府に対する信頼が失われることになるのではないか。そのような危惧を覚えました。

現に、これについて批判的な声が聞かれました。

「北朝鮮の脅威を必要以上に強調して、国民の不安を煽っている」

「いったいどうすればいいというのか。警報だけ出すのは無責任だ」

私は、Ｊアラートは必要ですし、とても重要だと思っていますが、一方で反発する側の気持ちもわかるような気がしました。

たしかに政府は「なるべく室内に」「なるべく丈夫な建物や地下に」といった最低限のアドバイスはしています。しかし、あえて厳しい言い方をすれば、政府はどこまで本気でこのＪアラートの存在意義を考えてきたのでしょうか。

実は自民党本部でも、国会議員会館でも、ミサイルに備えた避難訓練はしたことがありません。それで国民に「避難して下さい」というのは、いかにも説得力がない話です。そうした姿勢は国民には見透かされるでしょう。

真剣に考えなくてはいけないのは「いったいどうすればいいというのか」という不安に対する答えを用意することではないでしょうか。日本における核シェルター（避難所）の普及率は〇・〇二％と言われています。スイス、イスラエルでは一〇〇％、ノルウェーでは九八％で、アジアを見ても、シンガポールで五四％、韓国でもソウルあたりは一〇〇％以上とされています。いかに日本が突出して低いかということです。

今さら言うまでもありませんが、現在、世界で最もミサイルの脅威にさらされている国の一つが日本です。それなのにこのような状況でいいとは、とても思えません。

防災省の必要性

このような確実性の高い避難体制などを、防衛の観点からは「拒否的抑止」といいます。「ミサイルに対してはミサイル」という体制によって、相手に攻撃を思いとどまらせることを「懲罰的抑止」といいますが、これに対して「攻撃しても意図したような被害は出ない」という体制をつくることで相手に攻撃を思いとどまらせるというものです。実は、このような拒否的抑止を構築するための方策と、防災の対策というのはかなりの部分が重なっています。

我が国は有数の災害国であり、長きにわたって各種の天災に対応してきました。こうした知見を一カ所に集中させ、インフラ整備、防災機材から避難などの訓練のノウハウ、過去の教訓に至るまで、一元化してスキルアップすべきではないか。

そのために「防災省」（仮称）を作り、我が国のみならず災害の多発しているアジア地域、ひいては世界中にそのノウハウやインフラを輸出し、災害国であることを強みに変えていきたい、と考えています。そういう省が、たとえばシェルターの設置についても自治体と相談しながら進めていく。もし公民館などにシェルターがあれば、「どうすればいいのか」とはならないはずです。

地方創生担当大臣を務めていたときに、この「防災省」的な組織が日本に必要ではないか、との問題提起をさせていただいたこともありました。内閣府内に防災担当の部局が設けられていることもあり、前向きな結論を導けませんでしたが、事の重大さを考えると、私には現状で事足れりとは思えません。

神戸市なども努力しておられますが、専門家の育成、防災の文化の継承、的確かつ効果的な避難訓練の実施などを考えれば、専任大臣を置いた独立した省庁が必要ではないでしょうか。首都直下型地震や南海トラフ巨大地震も確実視される中にあって、もう一度広範な議論が必要に思えてなりません。

また、軍事に関する科学技術の開発に対しては強い反発があるわが国ですが、防災技術の開発であれば、多くの支持が得られるでしょう。この分野に国家として力を入れて技術開発を促すことは、結果として新しい産業の振興にもなりますし、我が国の経験値の高さを踏まえれば、防災分野の世界最先端のイノベーションを主導して国富を創造するセンターとすることも、世界トップクラスの防災の「知の拠点」とすることも可能です。

本来、このようなテーマ設定であれば、与野党関係なく国民的議論が進められるはずです。

しかし、こうした問題についても、あまり本質的な議論はなされていません。野党やメディアの多くは、「今回の警報は正しかったかどうか」といった論点のみで政府を責め、政府は「正当なものでした。今後とも、国民の皆様には警報に十分お気を付け頂きたいと思います」といった程度の注意喚起をして終わる。

これでは「いかにしてミサイルから国民と国土を守るか」という本質的な議論を先延ばしにしているように思われても仕方ありません。

核についても本質的な議論を

北朝鮮の核及びミサイル開発が進んでいることを受けて、二〇一七年のほんの一時期だけ、日本における核抑止力についての議論が耳目を集めました。しかし、問題が一段落すると、急速にまた議論の機運は消えていきました。最近はいつもこの繰り返しになってしまっているのではないでしょうか。

本来、日本として核兵器や核抑止にどう向き合うべきかというようなテーマは、平時に冷静な環境の下で論じられるべきなのです。

中国が最初の核実験を行ったのは一九六四年十月十六日、まさに前回の東京オリンピックの開会中でした。このオリンピックに「中国」として参加したのは中華民国（台湾）であり、当時「中共」と呼称されていた中華人民共和国は国際的にも広く認知はされておらず、日本との関係も悪かったと記憶しています。大会の真っ最中に核実験を強行したことに、当時の北京政府・毛沢東共産党主席の強烈な意志を感じます。毛主席の「たとえパンツをはかなくても核を保有する」という言葉はあまりにも有名です（正確には、当時の陳毅外相が「ズボンを質に入れてでも核を保有する」と述べたものが、毛沢東の言葉として伝えられているようですが）。

フランスはアメリカの強い反対に遭いながらも核兵器を保有しました。「同盟は共に戦うものだが、決して運命を共にするものではない」と述べたのはフランスのドゴール大統領でした。

インドもアメリカ・ソ連どちらの「核の傘」もあてにできず、結局独自に核兵器を開発・保有し、現在に至っています。

「他国の庇護のもとにあることを潔しとせず、民族として自立する」という価値観それ自体は否定できるものではないでしょう。その意味で言えば、金正恩《キムジョンウン》委員長もまた北朝鮮による朝鮮半島の統一を念頭に、そのように考えているように思われます。いかに中国が反対しても、「貴国と同じ政策を採っているのになぜ我々を非難するのだ」ということではないでしょうか。それに対する反論は、「とにかく核兵器が拡散しては困るからダメだ」というものしかありません。

核不拡散についてはＮＰＴ（核不拡散条約）がありますが、これに基づくＮＰＴ体制には「核のアパルトヘイト」と呼ばれるような本来的な不公平性があります。米・露・英・仏・中の五カ国（国連安保理常任理事国）だけが条約上合法に核を保有できることとなっている前提もそうでしょうし、罰則規定がないのでインドやパキスタンのように「やったもの勝ち」になってしまう点も、そもそもＮＰＴ条約に入っていない国には適用がないので野放しになるという点も、不公平なものです。

しかし日本がそれでもなおＮＰＴに加盟し、ＮＰＴ体制を強く支持するのは、「唯一の被爆国である日本が核兵器を保有することで核兵器ドミノを引き起こし、世界中のほとんどの国が核兵器を保有するような世界を現出させるわけにはいかない」との考え方に基づくものです。

日本核武装論は、ある意味さまざまな安全保障上の危機のたびに提起されます。私は危機に際して提起されること自体は自然なことだと思いますし、「いつか日本が核武装するかもしれない」と思われることで働いている抑止力も相当にあると思います。

しかし同時に、現時点で私は、我が国が核武装するメリットを見出せません。

日本が核を保有すれば、原子力の平和利用、つまり原子力発電関連の協定は破棄されます。我が国のウランの輸入や使用済み燃料の再処理を可能としている米国やフランス、カナダなどとの二国間協定はなくなり、エネルギー政策が成り立たなくなります。

また、少し考えればわかることですが、核兵器の保有に必要な核実験をする場所など日本のどこにもありません。原発の再稼働ですら容易ではない日本で、核実験を許容する場所があるはずもなく、この点も極めて非現実的と言わざるを得ません。

真逆の議論として、だからこそ全面的な核保有禁止を世界で目指すべきだ、日本もそのために全力を尽くせと言われれば、反論のしようがありません。そうなれば、どれほどいいでしょう。

が、そこに至る道筋は困難極まりないもので、唱えていればいつかは叶うというものではありません。

どう考えても、当面は「核を使用しても効果はなく、所期の目的は達せられないので、その使用を思いとどまる」という拒否的抑止力（ディナイアル・ケーパビリティ）を高める他はないように思われます。

拒否的抑止力を高める方策はいくつか考えられますが、弾道ミサイル防衛システムのアップグレードもその一つです。特に、ミサイル発射直後のブースト段階での迎撃は、早急に実装すべきだと思います。現行の弾道ミサイル防衛システムは、私が防衛庁長官時に導入を決めたものですが、これらが開発された二十年ほど前ではブースト段階の迎撃は技術的に困難でした。しかし重力に逆らって上昇する途中の、速度も遅く、姿勢制御もできず、多弾頭を放出することもなく、しかも迎撃後のデブリ（破片など）は発射国に落下するという、もっとも合理的な迎撃能力は現在の技術では理論上可能となっており、これを追求することは急務でしょう。

非核三原則とニュークリア・シェアリング

さて、「脅威」とは「能力」と「意図」の掛け算と言われます。足し算ではないので、片方がゼロならゼロとなりますが、だからといって安心できるわけではありません。

民主主義というのは先ほどから述べているようにプロセスの公正性を担保するものですから、どうしてもある程度の時間がかかります。しかしこの点、それ以外の体制で国家を運営している場合は、迅速な意思決定が可能となります。仮に我が国を軍事的に圧倒する「能力」を有している国が、同時に意思決定も迅速であれば、それは「意図」が簡単に変わりうるということであり、極めて短い時間の間に「脅威」が出現しうる、ということになります。

このような状況を踏まえて我が国の「核抑止」を考えたときに、いわゆる「非核三原則」――「持たず、作らず、持ち込ませず」のうちの少なくとも「持ち込ませず」は不変の原則とすべきではない、と私は思います。そして日本型の「ニュークリア・シェアリング」の可能性を検討すべきだ、と私はテレビ番組などで発言しました。

「NATO（北大西洋条約機構）では、米国の核兵器をどんな時に使い、どんな時に使わないか、核兵器を持たない国がどう関与するか、実務レベルでも閣僚レベルでも常に議論し、意思決定する常設の機関がある。だからこそ、情勢の変化に対応した適切な核抑止力が働く。核を保有していようがいまいが、抑止力をどう働かせて国民を守るのか考えるのが政治の責任だ。ミサイル防衛の強化や国民保護体制の強化と合わせて、核抑止そのものについても議論することが必要だ。アメリカの核の傘で守ってもらうと言いながら、『非核三原則』を堅持する、どんな時も日本国内には核兵器を置かない、と宣言することが抑止力の向上に資するとは、私は思わない」

これが私の発言の主旨です。従来からの主張ですし、きわめて常識的な考え方だと思うのですが、かなり踏み込んだ発言のように捉えられたり、タブーに踏み込んだような受け止められ方もしたようです。

しかし、周辺情勢が激変した今でも「持たず、作らず、持ち込ませず」の「非核三原則」に加えて、「議論もせず」の「四原則」を堅持することで平和が保たれると信じておられる方の多いことに改めて驚愕しています。

いつまでも、こんな思考不徹底の言論空間を続けている余裕など今の我が国にはないはずです。

多くの場合、安全保障に関する議論が、どこか現実と離れたものに終始しているのは、とても危険なことだと思います。

現実的な対策が急務である

私が憲法改正を必要不可欠だと考えている、ということはすでに述べました。しかし一方で、憲法を変えたら我が国の外交・安全保障政策がすべて万全かつ万能になって、あらゆる脅威から我が国を守れるようになる、わけではありません。憲法は「私たちが主権者として、日本はどのような国であるべきと思うか」を定義するという重要なものですが、それが喫緊の個別の政策課題を解決するわけでもありません。そういう意味で、同じ安全保障に関わることでも、おのずから優先順位というものがあります。

たとえば、南西諸島防衛は喫緊の課題ですが、仮に自民党草案通りに憲法第九条を改正したとしても、それによって直ちに島嶼防衛が万全になるわけではありません。否、むしろ、島嶼防衛は我が国の「個別的自衛権」の発動であることには異論はないのですから、憲法以前の問題、つまり現状でも対応可能な問題として、具体的なケースを想定したうえで対処法を考えなければならないものです。

南沙諸島の例を見ても、中国の人民解放軍がいきなり尖閣諸島などに侵攻してくるという可能性は、現時点ではあまり高くないでしょう（仮にそうなれば、それはまさに「急迫不正の武力攻撃」ですから、個別的自衛権を発動して武力攻撃事態と認定するだけのことです）。

しかしそうでない場合、たとえばよく言われるように、漁船を装った船が遭難を装って魚釣島に上陸する、そのまま「海警（中国海警局）を待つ」などと言いながら居座る、といった事態の方が、可能性は高いのですが、我が国の対応は単純ではなく、あらかじめ考えておかないと大きく国益を損なう事態を招きかねません。

北朝鮮の脅威についても、派手なＩＣＢＭや核兵器などに目を奪われがちですが、我が国にとっては二百とも三百ともいわれる中射程の地味なミサイルを大量に保有していること、そしてすでに日本国内で普通に暮らしているであろう多数の北朝鮮の特殊工作員が何かをきっかけとして一斉に「目覚め」、破壊工作を働くこと、といった脅威のほうがより現実的です。

そして、この「工作員」事案の場合も、警察と自衛隊の仕事の分担をどうするか、といった複雑な調整が必要であり、このような整理もあらかじめ考えておかないといざという時に適切に動けません。特に今は二〇二〇年東京オリンピック・パラリンピックを控えており、これも念頭に置きつつ議論を急がなければいけないはずです。

ところが、このような実務的な、具体的な話は、全然受けないのです。報道もされないし、国会でも質問されない。「まずは憲法九条を改正すべきだ」「憲法に自衛隊を書かないのは失礼だ」といった話ばかりが取り上げられます。

そして、そこが論点となってしまい、与党も野党もメディアも、現実的に急ぐべきテーマから離れていってしまいます。結果として、ほんとうに急ぐべき課題の検討がかえって置き去りになってしまっているのです。

5

国会で本質的な議論をするためには与党の努力が必要である

異論と「足を引っ張る」はまったく違う

森友学園、加計学園、皇室、憲法改正等々、いろいろな局面で、私は持論を述べてきました。それは今に始まったことではなく、政治家になってから一貫して取ってきた行動です。自分が正しいと思うことを自由に述べられなければ、政治家になった意味がありませんし、また自民党は多様な意見により強さを増す、言い換えれば国民の支持を得る政党だと思うからです。

ところが、そのような言動を快く思わない方の中で、「政権の足を引っ張るな」「後ろから弾を撃つような卑怯なまねはやめろ」という趣旨の批判が多くあり、私は非常な違和感を禁じえませんでした。「あまりタテついていると、ロクなことになりませんよ」という類のアドバイス（？）もありました。

よく、企業の方々とお話ししていると、「自民党」を一つの会社組織に例えられる方が結構おられますが、自民党に限らず、国会議員と所属政党とはそのような関係ではありません。むしろ「経団連」や「経済同友会」のような組織だと思っていただいた方が近いのではないかと思います。それだけ、個々の国会議員の独立性、自立性は高いのです。だからすべてにおいて「上意下達」の関係にも限度がありますし、国会議員が忠誠を誓うべきは自らを選んでくださった有権者であって、「自民党本部」や「〇〇内閣」ではありません。私たちは有権者の代表として選ばれた、独立した存在なのです。

さらに言えば、私が持論を述べているのは、「多様な意見こそが自民党を強くする」そして「その強い自民党の中の議論で洗練された政権こそが国民の支持を得て強くなる」と信じているからであり、安倍政権を支えたいと思うからこその異論であることも、先に述べたとおりです。私からすればそれで「足を引っ張るな」というのはあまりに的外れですし、そのような言説こそ「ひいきの引き倒し」となるのではないかとかえって心配になりました。

そして、与党議員と同様に、野党の議員もまた有権者の代表であることも、決して忘れてはなりません。

野党は与党が、与党は野党がつくる

その前提に立てば、たとえ筋違いのような指摘であっても政府・与党は謙虚に、誠実に、正直に向き合う必要があるはずです。

国会における野党の質問は、どんなにそれが少数であったとしても、やはり国民有権者の一部の疑問を反映しているものです。そう思って、はぐらかすことなく、真剣に対応する姿勢を示すべきです。これは与党の義務ですし、そうした姿勢を示すことで、野党の質問もまた変わってきます。ですから野党の質問のクオリティは、与党次第だ、と言うべき部分もあるのです。

最近は二回の政権交代を経ていますから、お互いに「あなた方が与党の時はどうだったんだ」といった論法を使うことも増えています。そう言いたくなる気持ちはよくわかりますが、あまり建設的な姿勢とは言えないと思います。

逆もまた真なり、です。私たちが野党だったときは「責任野党」を目指していたので、出来る限り揚げ足を取ることなく、正面から与党の政策の問題点を衝き、その結果として「民主党政権には政策遂行能力が無い」ということを見ている国民に示す、ということに成功したと思っています。

ライバルへの礼節を守りながら論理で攻めていくことは十分に可能です。私は、同じ民主党政権であっても、野田佳彦総理（当時）は責任感のある宰相だと率直に評価していました。ですから野田総理への質問はこんな感じから始まっています。

「総理、連日、本当に御苦労さまであります。

　立場は違いますが、総理という仕事がいかに重圧に耐えねばならないものか、本当に命を削るような仕事であることは、私も何度か閣内にいて総理を近くで見て、よくわかっておるつもりであります。

　しかし、総理が任命される、陛下の認証を仰ぐ閣僚と違って、総理は、みずから日本国総理大臣になりたいということで代表選に立候補され、勝利をされ、今日の地位を得られた方であります。泣き言は言ってはなりません。そして、逃げてもなりません。

　総理と私は同じ昭和三十二年生まれであります。私が二月、総理が五月、同じ時代を生きてきました。ケネディの暗殺も初めての衛星中継で見ました。そしてまた、ロッキード事件も見てきました。同じものを見、いろいろな思いを持ってきました。

　民主党の総理であり、私は自由民主党の政策をお預かりする立場です。立場は違いますが、同じ時代を生きる者として、次の時代に何を残すか、日本国のために何をするか、その責任は共有したい、私はそのように思っております。そのような観点で質問いたしますので、どうか的確にお答えをいただきたいと存じます」（二〇一一年九月二十七日　衆議院予算委員会）

この後は徹底的に当時の政府の姿勢や政策を問い質していきます。派手さはありませんが、感情的になることなく、一定の敬意を示しながら、論理で詰めていく方が、実りのある議論になりますし、こうした姿勢を国民は冷静に見ています。

翻って最近の野党の一部の方は、パフォーマンスを重視して、感情的に声を荒らげたり、涙ぐんだりすることもあるようです。しかし、政策の内容については鋭い質問はあまり飛んできません。与党が緩んでくるとすれば、それは野党がしっかりしていないということも大きな原因となりうるのです。

与党はすきを見せてはいけない

過去、たとえば竹下内閣、小渕内閣、橋本内閣などは、いわゆる政界スキャンダルと無縁ではありませんでした。総理や大臣は時の野党から厳しく疑惑を追及されましたが、それでも可能な限り真摯に答弁しておられたと記憶しています。そして、その姿勢が国民の信頼を得たのではないでしょうか。

野党の質問でも、おそろしくレベルの低いものがあります。どこから説明していいか悩んでしまうこともあるでしょう。それでも、相手が有権者代表だと思えば、馬鹿にすることはできません。どんなにエキセントリックな質問でも、小馬鹿にしたり、からかったりという態度を示してしまうと、かえって相手に攻撃の糸口を与えてしまいます。

そもそも野党の仕事は、突き詰めて言えば時の政権を倒すこと。内閣総辞職に追い込むか、衆議院を解散させることです。

自民党は野党時代にそのように明確に目標を定めていたからこそ、不適格な大臣や非常識な政策、一つ一つを戦略的に狙い撃ちにして、閣僚を辞任に追い込んだり、法案を廃案に追い込んだりできたのです。

そのためには政策論争を挑むのはもちろんですが、時には疑惑やスキャンダルも利用する。与党には、野党とはそういうものだ、というくらいの覚悟が必要です。

それは裏を返せば、与党はすきを見せないようにしなければいけない、ということです。疑惑があれば早目に手を打ち、調べて自ら率先して説明をすることが重要です。ここでも正直さ、誠実さがとても大切なのです。

「いい質問」とは

国会においては与党の質問力もまた問われます。二〇一七年、総選挙で勝利した後に、

「本来、質問時間は議席数に応じて配分すべきだ。せめて与野党で五対五にすべきだ」といった要望が与党側から出されました。大量に当選した若手議員の出番を増やそうといった意図もあったように聞いています。従来は与党二に対して野党八ですから、当然、野党は反発しました。

結局、話し合いの結果、与党の割合を多少なりとも増やすというところで落ち着いたようです。しかし、以前に二対八という配分を求めていたのは、野党時代の自民党でした。また、私は自民党の大先輩たちからこうも聞いていました。

「自民党は与党として、法案や予算、政策について政府と事前に協議して調整もしているのだから、野党に質問時間を多く配分するのは当然だ」

もちろん、現在の配分そのものは双方が合意したのですから私がどうこう言うべきものではないでしょう。しかし、せっかく増えた与党の質問時間も、有効活用できなければ意味がありません。池上彰さんのおっしゃる通り、「いい質問」が必要なのです。

長々と政府の方針そのままを述べたうえで、「この件についての首相の決意をお伺いしたい」「大臣のお考えを伺いたい」といった質問はあまり有益とは言えません。「いい質問」というのは、たとえば、野党が必ず聞いてくるようなことを先取りして聞き、論点をあらかじめ明確化するような質問です。政策について、あえて「この点は大丈夫なのか」といったことも聞いておくのです。たとえば、「裁量労働制を拡大しようとしていますが、いますでにそれで働いている人の実態はどうなっていますか。その人たちの労働時間は減ったのですか。サービス残業が実は増えたりしていませんか。その対策をどう考えていますか」

といった質問を先んじて聞くのです。与党質問はなごやかな雰囲気で行えますから、感情的な要素を排した状況で大臣が答えることができ、問題点がクリアになったり、論点が整理できたりします。そして見ている国民も、「そうなんだよ。そこを聞いて欲しかったんだよ」と思う。そういう質問が、いい与党質問なのです。

こうやって一旦論点をつぶしてしまえば、野党が感情論やひっかけで同じところをついてきても、もう怖くはありません。これが与党から内閣への強力なアシストともなるのです。せっかく質問時間を長くしてもらったのですから、わが党の若手議員にはもっと「いい質問」を考えてもらいたいと思います。

大臣として向き合った時の野党では、原口一博さんや逢坂誠二さんなどの質問は、「聞かせるなあ」と思ったものでした。論理的で「さすが」と思わせる質問は手ごわいものです。

自ら政策を考え、理論を構築し、それを聞かせるスピーチの能力もある。そういう人は概して選挙にも強い人です。やはり有権者はきちんと見ているのだ、と思います。

ともあれ、質問の価値は単なる時間の長さではなく、内容によって決まるものです。

大臣は多忙すぎる

国会において、より有益で本質的な議論が交わされること、国会が中長期的な視野での政策を練る場になることを望まない国民はいないでしょう。しかし、現状はなかなか難しいところがあります。

二〇〇一年から政治改革の一環として国会における答弁はすべて大臣、副大臣、政務官、つまり政務三役が行うようになりました。それまでは「重要なことなので、ここからは局長に答弁させます」と言った大臣がいたということに象徴されるように、ほとんどの答弁は官僚が行っていました。このまま無知な大臣ばかりではダメだ、イギリスのように政治家同士で議論できるようにするために、答弁は政治家たる政務三役が行うこととしよう。これが法改正の趣旨でした。

意図は良かったのですが、結果として弊害が出ました。まず、副大臣や政務官に答えてもらっても選挙区で自慢できませんから、ほとんどの質問が大臣に集中します。

次に、制度を変えたとしても、その分野に明るい国会議員ばかりが大臣に任命されるようになったというわけでは必ずしもないので、「素人大臣」的な存在は往々にして出てきます。しかし答弁の責任は大臣に負わせられていますから、役所としてはただでさえ煩雑な国会対応に、さらに大臣に教え込むという手間も加わったことになります。

私は、ことここに至っては、局長答弁は復活させた方がいいと思っています。

そもそも国会質問のシステムも抜本的に変えるべきだと思います。いきなりお互い何の準備もせずに委員会に突入すれば、何のやり取りか全くわからない悲惨な状況になることは目に見えていますから、ある程度の準備を前提とすることは必要だと思います。しかし今のように、与野党の質問が出揃うのは往々にして前日夜遅く、官僚たちが徹夜で答弁資料を作成し、それが出来上がるのが午前三時から四時、というのはあまりに非人間的です。働き方改革、生産性の向上、などと言っている足元がこれでは説得力に欠けます。

まずは与野党でルールを作り、委員会質問の要旨は原則として一日前には提出する。

委員会の開催自体が直前に決まってしまった場合は仕方ありませんが、ただの意地悪や怠慢で直前まで質問通告を引き延ばすというのは、無意味かつ有害です。実はこれに関してもルールは存在するのですが、徹底されてはいません。罰則のあり方なども含めて考えなければなりません。

さて、三時や四時にできた答弁資料ですが、私のように先に目を通したい場合は午前五時ごろに宿舎に届けてもらうことになります。そして、だいたい午前七時から大臣と官僚とで答弁打ち合わせをし、直すべきところを直して、原稿が最終的に完成するのは午前九時の委員会開会直前というのが通例です。

ですから国会開会中は、大臣たちには全く時間的、心理的余裕がありません。そして当然ながら、この間、省庁での仕事はほとんどできません。しかも、ここまでの手間をかけても国会で建設的な議論が行なわれるとは限りません。むしろスキャンダルや疑惑絡みの質問のほうが多いことも珍しくないのはご存じのとおりです。ですから国会の会期をどうするか、大臣の拘束をどう考えるか、というのも大きな改革テーマです。

国会がない間は、閣議、省内の会議、行事その他が山ほどあります。海外日程や交渉事はこれらのスケジュールを縫って行なわれます。このように総理や大臣にかかる負担が大きすぎるシステムを変えない限り、腰を据えて実りある議論をするのは難しいのが実情です。

現在の野党議員の中にも、与党として同様の経験をして、苦労をした方も多いことでしょう。このようなシステムは、誰にとってもプラスにならないのですから、変えていくことが国民の期待に応えることになるのではないでしょうか。

6

不利益の分配を脱し自由な選択で幸せを実現する

果実の分配が政治の仕事だった

経済が高いレベルで成長を続け、人口が増え続けていた時期の政治の仕事は「果実の分配」でした。

地政学的には冷戦構造の真っ只中、ソ連と対峙する日本はアメリカが本気で守る地域の一つでしたから、日本自身が安全保障に多額の予算を費やす必要はありませんでした。また、戦後の焼け野原からスタートした国民の生活水準は低かったので、新しいモノが出てくれれば、みんながそれを欲しがり、同じモノが作れば作るほど売れました。高齢者もそう多くはいませんでしたし、企業は儲かった分を設備投資と人件費にどんどん回しました。

そういう時代が、日本では戦後しばらくしてからバブル経済までずっと続いていたのです。そしてこの間、政治や政府は、おもに「みんなが喜ぶこと」だけやっていればよかったのです。まずは必要なインフラ整備。鉄道、道路、それが新幹線、高速道路となり、需要はいくらでもありました。税収は右肩上がりですから、優先順位で多少もめても、いつかはやってあげると約束することもできました。貧富の格差が出てくれば、社会保障システムを充実させて所得再分配機能を強化します。工業や社会の急激な発展で生じた副作用的なことがら、たとえば公害問題や交通事故の増加なども、深刻ではありましたが、いざ取り組めば一定の成果を挙げることができました。

多少の失策もあったでしょうが、それすら時代がカバーしてくれた。日本にとって実に良い時代が続いたのです。

こういう時代に、選挙制度は中選挙区制でした。国会議員は、各々選挙で票が取れそうな政策だけを訴えていて、実は何の問題もなかったのではないでしょうか。

しかし、これらすべての前提はもはや存在しません。冷戦も、高度経済成長も終わりました。少子化と高齢化が進み、ついに人口は急激な減少を始めています。

これからどうするか。国民の賛成を得て前に進めていくためにも、中・長期的な「国家ビジョン」が求められるようになりました。

敗戦直後から現在に至るまで、政権ごとの構想は連綿と存在しています。もっとも有名なのは田中角栄総理の「日本列島改造論」でしょうが、そもそも高度経済成長をもたらした池田勇人総理の「所得倍増計画」、大平正芳総理の「田園都市国家構想」など、内閣ごとにその方向は示されてきました。

しかし、2章で紹介した重光外相のチャレンジに代表される外交・安全保障上の課題、特に日米同盟の特殊性の是正や見直しは、岸内閣以降いわば封印されました。岸総理は旧安保条約の不平等性を大きく改善しましたが、それは予想以上に大きな政治的コストを強いるものでした。ゆえにこれ以降日本は、独立国家としてどうすべきか、といったことを議論しなくなりました。意図的にそうしたことを避けてきました。だから憲法を正面から語ることもありませんでした。

竹下総理の功績

一方で内政においては、「不都合な真実」を語って、短期的な利益より長期的な国益を優先した総理がいました。竹下登総理です。

まだ現在ほど社会保障制度の維持が困難だとは危惧されていなかった時代に、明らかに選挙に不利な消費税の導入、「果実の分配」ではなく「不利益の分配」とも言える政策をあえて実行しました。もちろん、このような政策が喝采を浴びるはずもないことはわかっていて、それでもやらなければならない、と考えられたのです。その意味で、長期的な「国家ビジョン」を具体的な政策として打ちだした数少ない首相だったのではないでしょうか。

これからの政治家は、こうした「不利益の分配」についても正面から語っていくことがますます求められるようになるということです。その意味では、政治家は昔以上に歓迎されない仕事になっていくのかもしれません。

地方政治家の疲弊

萌芽はすでに地方でも見えています。地方自治は民主主義の学校だ——などという表現はよく耳にするところですが、それが本当だとすれば、地方において投票率の低下が深刻なことになっている点には、もっと注意すべきでしょう。単純に投票率だけの問題ではないにせよ、千葉県市川市では市長選挙の結果、すべての候補者が法定得票数に達せず、再選挙という結果になりました。地方のこういう動きはそのうち中央にも伝わるのではないか、と私は懸念しています。

実際に、私の知る町では、三期目、四期目の町長さんが「もう次はいいです。辞めたい」と言って、立候補を辞退するようなケースも出てきています。真面目に働くとかなり大変な仕事ですから、次の成り手もなかなかいない。無投票当選が地方では増えているのにはこんな背景もあるのです。

いい加減な政務活動費の使い方をしている地方議員をニュースで見れば、「美味しい仕事に違いない」と思われることでしょう。しかし、ああいう人はごく一部であって、真面目に取り組むとかなりきつく、報われることも少ない仕事なのです。実際には地方の首長で、「辞めたい」という人に対して周りから「頼むからもう一期やってくれ」と説き伏せられてやむなく続けているケースも珍しくありません。

やがてこの動きが国政に広がる可能性は十分あります。つまり国会議員も、このままだとどんどん成り手がいなくなるのではないか。そんな危惧を私は抱いています。

法定された国会議員の年収は約二千百万円です。金額だけを見ればまさに「高級取り」ですが、この額で平均十人程度のスタッフを雇うのはほとんど無理です。国で手当てされている秘書は三人だけ。正直に申し上げて、この支給された収入だけでは次回の当選はあきらめざるを得ないでしょう。

しかも、世間の厳しい目にさらされながら、激務をこなさなければなりません（真面目に働けばやはりとても忙しいのです）。しかも落選すれば、とたんに無職です。

また、人に嫌われたくないのなら、やらないほうがいい仕事でしょう。先ほど触れた、過去の「良き時代」の総理でさえ、様々な批判にさらされました。

ましてやこの先は、真面目に考えれば、有権者に対して「うまい話」ばかりを持ちかけることは到底できません。むしろ有権者に対して受け容れなければならない「苦い現実」を語らなくてはならない。

これから先の「国家ビジョン」を語るにしても、全員から歓迎されることはありえないでしょう。安全保障に関しては、政党、左右によってかなり立場が異なり、議論においても攻撃的な言葉が飛び交います。憲法九条改正について正面から挑めば、それ自体で一部の方からは嫌われます。

そもそも「不利益の分配」などという話は、大向こう受けが期待できません。しかし、政治家はそれも語らなければならない仕事なのです。大向こう受けを狙い続けた結果が現在なのですから。

アベノミクスの先を

安倍政権になってからの経済政策、いわゆる「アベノミクス」については様々な意見がありますが、それまで、特に民主党政権のもとで慢性化し長期化していたデフレを脱却することを目標に掲げ、実際にデフレ状況から各種指標を大幅に改善してきたことは、率直に評価されるべきものだと思っています。その最たるものが株価や為替であり、雇用情勢も劇的に改善しました。

一方で、経済構造改革は進まず、潜在成長率が期待通りに伸びていないことも事実です。そもそもアベノミクスの基本的考え方は、いわゆる「三本の矢」のうち、「大胆な金融緩和」と「機動的な財政出動」という、いわば短期的なカンフル剤によりデフレ脱却を実現し、さらに経済を温めることで時間を稼ぎ、その間に規制改革など経済構造改革を断行して潜在成長率を高め、中長期の成長エンジンに点火する（＝民間投資を喚起する成長戦略）、というものです。

いつまでもカンフル剤に頼ることなく、持続的に発展する経済を実現するために、残された時間を最大限有効に活用し、我が国の経済・財政が抱える根本的な問題ときちんと向き合い、それに対する処方箋を考えることが必要です。

日本の根本的な問題

根本的な問題とは何か。端的に説明するために、私がよく用いている数字があります。

一九六〇年と二〇一五年の日本の社会保障制度に関連したデータの比較です（ただし、前者はまだ本土復帰前なので沖縄は含まれていません）。

まずＧＤＰは十六・七兆円から五百三十二・二兆円と三十二倍になりました。

人口は九千四百三十万人から一億二千七百九万人と一・三五倍。このうち六十五歳以上の人口が五百四十万人から三千三百四十七万人と六・二倍になっています。全人口に占める割合は五・七％から二六・三％にまでなっています。

今では六十五歳で働いている人も珍しくありません。一般企業はもとより、コンビニ、レストランなどでもお見かけすることが増えました。しかし、五十年ほど前までは、そもそも六十五歳以上の方は二十人に一人しかいなかったのです。

八十五歳以上人口は十八・八万人が四百八十八・七万人と二十六倍に。また百歳以上は百四十四人が六万一千七百六十三人と四百二十八・九倍になっています。

平均寿命は男性が十五歳、女性が十七歳伸びました。日本が世界に冠たる長寿国になったことは誇るべきことです。

この間、国の予算は一・六兆円から九十六・三兆円、つまり約六十倍になりました。一方で社会保障制度の支出は〇・七兆円が百十四・九兆円になっています。百六十四・

一倍です。

そして、現在のペースが仮にこのまま続けば、日本の人口は二一〇〇年に五千二百万人、二百年後には千三百九十一万人、三百年後には四百二十三万人になる、と予想されています。

さて、これを見て皆さんはどう思いますか。

大切なのは国民一人一人の幸せ

「西暦三〇〇〇年には日本人は一千人になる」などというと、「そんなことありえないよ、大げさな」というような反応を示す人も多くいます。私が言いたいのは、「このまま放置したら」大変なことになる、ということです。つまり、今なんとかしましょうよ、その認識を共有してください、ということなのです。

この半世紀で国家予算が六十倍なのに対して、社会保障制度の支出は百六十倍。これも、いい悪いの問題ではなく、「持続可能性の高いプランニングを考えましょうよ」と言いたいのです。

「アベノミクスで株価も上がり、有効求人倍率も上がったではないか。この路線で成長を進めればいいのだ。お前のように景気の悪い顔で、景気の悪い話をしてどうするのだ。冷や水をかけるんじゃない」

こんな風に思う方もいるのでしょう。景気の悪い顔はともかく、景気の悪い話をしようと思っているのではありません。むしろ「景気が悪くならないように、皆で考えよう」ということを言っているのです。

アベノミクス以前、日本の経済は停滞していました。売り上げも賃金も伸びない。特に輸出中心の製造業は苦しい状態でした。それが大胆な金融緩和によって、円安となり、輸出産業は潤いました。円換算によれば収益も増加しました。

しかし、実は全体の売り上げは伸びていませんし、賃金も上がっていません。だから「実感がない」と言われるのです。

株価の上昇もまた円安の賜物だと考えたほうがいいでしょう。これもよかったことの一つですが、そこにとどまらず、国民一人一人の幸福につなげる方策を考えなくてはいけません。

有効求人倍率も上がりましたが、これも団塊の世代の方々が大量に退職する年代を迎えたことによる構造的な人手不足が背景にあると考えたほうがいいでしょう。そうであればなおのこと、ビジネスモデルの構造改革に手を付けることが容易な環境にあるはずです。

賃金が上がらない理由

就業構造も大まかにいうと、製造業からサービス業へ、男性から女性へ、正規から非正規へ、若者から高齢者へとシフトしています。これらはみな、賃金を押し下げる要因となりえます。日本の場合、六十歳を過ぎると同じような仕事をしていても賃金が下がるという慣習があるので、六十歳以上の就労が増えることでも平均賃金は下がります。

さきほど、企業の収益が上がっているのに、売り上げは伸びていない、という話をしました。売り上げが伸びていないのに儲かっているというなら、それはコストが下がっているということです。つまり企業にとって人件費が下がるのは、短期的に見た場合には悪いことではありません。しかし長期的に見れば、労働者すなわち消費者なのですから、国内でモノを買ってくれるお客様の手取りが増えないことになってしまいます。アベノミクスの次に改善しなければいけないのは、まさにここです。

さらに言えば、今後人口が減少する国内市場向けに設備投資を積極的に行うのは意味がないと考えることにも、一定の合理性があります。海外への投資は、もはや生産拠点としてだけではなく、市場開拓、あるいは研究開発にまで広がっているのです。

こうした問題は構造的なものですから、「金融緩和」と「財政出動」だけでは解答を示しえないのです。売り上げも賃金も設備投資も伸びていないというのは、そういうことです。企業にお願いして賃金を上げてもらう、国内の設備投資に回してもらう、というのは、運動論としては意味があるかもしれませんが、全体的な状況改善にはつながらないでしょう。

それでも、ある種の論者はこう言います。

「まだまだ金融緩和が足りない。もっとやれば、景気も回復していく」

金融政策は日銀の所管ですから、私がどうこういうものではありません。しかし一般論として考えたときに、市中に回るおカネの量が増えたらおカネを借りる企業や個人が増えるはずだったのに、そうはなっていない、という現状があります。一方で起業したい、新しい産業をつくり、雇用をつくりたいと思っている起業家がいるのに、そこに潤沢なリスクマネーが回る……という状況には残念ながらまだなっていません。そこにはもう一段の仕掛けが必要なようです。

企業行動をつぶさに見てみると、研究開発関連投資はそれなりに増加基調にありますが、人的資源への投資はずっと伸びないままです。自然に賃金が上がるようにするためには、やはり売り上げが伸びる必要があるでしょう。

今の日本のように人口が減少していくことを経済学の教科書は想定していませんでした。こんなに高齢者が多くなることも想定していませんでした。これまでの常識が通用しない社会がすでに到来しているのですから、これまでの常識を超えた対策を考えなければなりません。

地方創生は経済政策でもある

このように悲観的な話をし、なおかつ現在の経済政策にも限界があると指摘すると、じゃあお前はどうするというのか、という疑問を持たれるだろうと思います。

もちろん、政治も政策も「こうすれば万事解決」といった魔法の杖ではありませんが、すでに一つの方向性は見えています。

私は、日本経済の構造を変える一つの答えとして、どれだけ地方の力を伸ばせるかということがあるだろうと考えています。

いわゆるグローバルの世界で戦うことを強いられる世界企業は、すでにギリギリまで生産性を向上させ、世界中の巨大企業と日々切磋琢磨を続けています。しかし昔のように、あるいは一部でアベノミクスにも期待されたように、このグローバルで戦うジャイアント企業が勝ち残れば、その傘下にある中企業、小企業、零細企業が潤い、日本経済全体の底上げにつながる、という「トリクルダウン」現象は起きません。なぜなら「みんなで作る」製造業モデルはすでに日本の雇用のメインストリームではないからです。「地方の時代」などと口では言うものの、多くの政治家、またメディアが注目するのは、いまだに大企業の動向です。しかし、日本のＧＤＰの七割、雇用の八割を占めているのは、ローカルの中小零細企業なのです。

上場企業の数は日本に約四千社です。これは日本におよそ四百万社ある企業の一千分の一です。つまり、上場企業以外で働く人たちこそが日本人の大多数だと考えるべきであり、ここにダイレクトに効くような政策を考えなければ、国民一人一人の実感につながらないということです。

「地方創生」を、「東京対地方」という構図でとらえる方も少なくありません。しかし東京はすでに世界の都市間競争にさらされています。東京のライバルは大阪や名古屋ではありません。それは北京、上海、香港、シンガポール、クアラルンプール、あるいはロンドン、ニューヨークといった世界中の都市であり、そのために東京はさらなる魅力の向上を続けていかなければなりません。観光地としての東京の魅力は東京の中の「ローカル」の部分、つまり区市町村が担っていきますが、グローバル都市としての東京は日々さらなる発展を余儀なくされているのです。

しかし、シンガポールのように都市しかない国家と違い、我が国には自然条件に恵まれた地方都市・住宅地があり、農林水産業、観光業などのサービス業、地域の建設業などがあります。ここにこそ、あらゆる可能性、多くの伸びしろ、新産業やニッチ産業のシーズ（種《たね》）があります。

このローカル産業、つまり地方の成長が、これからの日本全体の経済成長を支えるのです。

地域差はいろいろありますが、総じて地方は子育てもしやすく、出生率も高いところが多いです。そこに十分な雇用と所得があれば、人口が東京に流出することなく、むしろ増えていき、地方で豊かな暮らしを営むことができる、そうした環境を作ることがすなわち経済政策にもなっていくのです。

地方の所得が増えて、地方から中央への人口流出が止まり、人口が増加に転じる。そこに活路を見出す。いろいろ考えましたが、これが私の結論の一つです。地方創生担当大臣をつとめ、全国の数多くの成功例、取り組みを見れば見るほど、ここにこそ日本の進むべき道がある、という確信は深まるばかりでした。

そのためには、働き方の見直しや新しい技術の活用を通じて、伸びしろの大きい地方経済を支える農林水産業、建設業、サービス業などの生産性を大幅に向上させることにより、地方の所得を上げます。これによって人口流出に歯止めがかかり、東京の一極集中を是正することができるようになります。と同時に、東京から地方への人材や企業の移動の流れの仕組みを作ること、そうした流れを促すシステムを作ることが重要です。これについてはすでに具体的な政策が実行されていますが、さらに加速させるにはどうしたらいいかを考えなければなりません。

官僚も企業も地方を目指せ

文化庁を京都に移したことに代表される省庁の地方移転は、そのための試みの一つでした。官僚も霞が関にばかりいては駄目だ、と私は考えています。林野庁は森林のそばに、水産庁は漁港のそばにあったほうが政策のアイディアも湧くはずです。

実際、大臣時代に創設した「地方創生人材支援制度」であちこちの自治体に派遣された若手官僚は、受け入れ先ととてもいい関係を築き、クリエイティブな仕事を楽しくこなして地域の活性化に貢献しています。これは手挙げ方式で、地方に出向したい若手官僚や大学の先生などを募り、受け入れ先とのマッチングが上手くいけば、実際に出向してもらうというものですが、今後も続けていきたいと思っています。

企業に対しても、本社機能の一部を地方移転した場合には減税というインセンティブも用意しました。そもそもこれだけITが進んでいる時代に、全員が都市部にいる必要はないのではないでしょうか。

この試みの先駆者は、グローバル建設機械メーカーのコマツです。同社は、「生活コストの安いところで、できるだけたくさんの社員が働いた方が、長期的には競争力を維持できる」という発想のもとに、東京でなければならない機能以外は石川県に移すという大胆な決断を下しました。

その結果として、石川県での雇用が増えたのは当然、現地社員の結婚率や出産率も飛躍的に伸びました。コマツの賃金体系は東京でも石川でも同じだという点も素晴らしいと思います。

東京以外でも住めば都

人材が東京、首都圏に偏在している状況は日本全体にとって不幸な話です。役所でも企業でも、四十代、五十代でくすぶっている人、塩漬けになってしまったような人、しかし適所を得ればまだまだ活躍できる人材は多くいます。

問題は、そういう人を活用しきれていないということです。部長になれる人は限られていますが、なれないから仕事ができない人だというわけではありません。出世競争から後退したとしても、能力がある人は多くいます。

そういう人が、どこか必要とされるところで居場所を得れば、本人にとってもその地方、企業にとっても素晴らしいことではないでしょうか。

こういう人たちが地方に帰り、新しい風を吹き込めば、地方も変わってきますし、本人も輝ける。もちろん、地方にも立派な人材はいます。ただ、それでも人数が圧倒的に少ないのです。

大企業はある意味で、政府が放っておいても自分たちで人材を確保し、生き抜くために手を打ちます。しかし、地方はそもそも人がいないのだから、まずは地方の所得が向上するための施策を進めるとともに、そこになるべくたくさんの人が還流できるような環境を整えなくてはいけない。これは政治の仕事でしょう。

関連して取り組んでいくべき施策として、中古住宅の流通を活性化させることも挙げられます。東京に建ててしまった家を手放せないということが、東京に住み続ける消極的な理由となっている人も多いのです。ということは、中古住宅の信頼度の高い査定などの制度設計を通じて流通を促すことが、結果として地方に人材を動かす力となるかもしれません。日本人の資産形成の多くの部分を占める不動産については、ＲＥＩＴ（不動産投資信託）などのさらなる活用も含め、金融や都市の資産価値の向上の観点など複合的な捉え直しが必要だと思っています。

地方創生の成功例

地方が活性化し、蘇った実例は数多くあります。いずれも関わった人たちの創意工夫、熱意が感じられる感動的で興味深いエピソードばかりです。

こうした話を、地方創生担当大臣を務めるようになってからあちこちでするようになりました。地方で講演する際には、なるべくその地元や近隣の成功例を盛り込むようにもしています。

意外と地元の人でも知らないことも多いようで、「そんないい話があったのか」と喜んでいただけます。また、様々なアイディアに刺激を受ける方も多くいらっしゃいます。

最大の問題は、この手の話は東京と、東京のメディアにはウケが良くない点でしょうか。

ほんとうに残念ですが、やはり地方を下に見るような風潮が影響しているのではないかと思わざるをえません。『日本列島創生論』でも、私は全国で目にした地方の成功例を多く紹介しました。島根県の隠岐島、鹿児島県のやねだんという集落、私の地元・鳥取県の「森のようちえん」、高知県の「土佐の森・救援隊」等々。感動的なストーリーが数多く、地方で生まれています。

どこも、「過疎に悩んでいました」という入口は一緒です。しかし町長や町民の自主的な取り組みがはじまり、多くの人を巻き込むことにより、あるいは雇用が生まれ、あるいは観光客が増え、あるいは若い人たちが移住し、補助金に頼らないために新しいビジネスを生み出すことに成功しています。

東京だけが憧れだった時代は終わった

私は、この先の日本に明るい未来をもたらすのは、こうした地に足の着いた取り組みであると確信しています。そして、その積み重ねによって国全体が良い方向に向くと思っています。

こうした考え方に対して冷ややかな見方もあるようです。『日本列島創生論』を読んだ方から「石破の言っていることはスケールが小さい」という批判があったとも聞きました。

『日本列島創生論』は「地方創生っていうけど、何もしてないじゃないか」という誤解を解くために、地方創生担当大臣として行ってきたことをまとめたものです。ですからミクロの積み重ね感は本書よりも強いことでしょう。しかし、地方が元気になることが「小さい」話だと受け止められているのだとしたら、それには大いに異議を唱えたいと思います。

そんな「小さな」成功の積み重ねで、日本は盛り返さないよ——そんな冷笑的な考え方をされる方には、違うご説明をする必要があるのかもしれません。

すでに若干述べてきましたが、地方創生は地方だけの話ではありません。東京で画一的な時間、画一的なスタイルで働くこと自体を変えなければ、そもそも人を東京から地方に移住させることはできません。働き方改革にとどまらない、人生の多様な選択を可能とする構造改革が必須だという話につながるのです。

「小さい」話が好きではない方も、「働き方改革にとどまらない構造改革」「起業フレンドリーな環境整備」「切れ目ない人材育成の観点からの教育改革」というような言い方なら、少しはご納得いただけるのではないでしょうか。

すでに「東京で一旗上げたい」というような意識は、一昔前のものになりつつあります。特にポスト3・11世代、東日本大震災で「お金があってもモノが買えない」という状況を目の当たりにした若い世代は、モノを生み出す地方の真価を正当に評価してくれるようです。

とにかく、今までにない状況に対応するのですから、従来型の思考法から完全に自由にならなければなりません。

政治家が大きな話をすることは大切です。これから先は、大きな国家ビジョンを語る必要があるとも申し上げました。しかし、それは日本全体を大雑把に捉えて「こうすればよくなるはずだ」というアバウトな話をすればいい、ということではありません。

地方の視点、地方出身者の感覚を無視して、日本全体を盛り上げることは不可能です。おそらく竹下元総理は、この点を早くから意識なさっていたのでしょう。だからこそすべての自治体に平等に一億円を支給する「ふるさと創生」という大胆な政策を実行した。人口千人の村にも百万人の都市にも平等に渡したのです。

急に現金が支給されたので、なかにはおかしな使い方をした自治体も少なくありませんでした。なかには「村営キャバレー」のようなものを作ったところまであった。そのため、この政策は当時、評判が良いものではなかったようです。特にメディアでは冷笑的に捉えられました。

しかし、当時、竹下元総理が私に言った言葉が忘れられません。総理は当時からあったバラマキとの批判に対し、こう仰っていました。

「石破なあ、それは違うんだわね。これでその地域の力と知恵がわかるんだわね」

実際、一億円を浪費に近い形で使ってしまった地方もあれば、今でも活きる形で使った地方もありました。

長期的ビジョンで議論を

国会議員も、あるいは中央メディアもあまり取り上げないことですが、今でもこの国の経済を支えている多くの人は圧倒的に地方にいます。八割以上のローカル企業が地方から日本経済を支えています。その地方が変わらないで、日本が変わるはずがありません。

東京にもグローバル都市としての顔と、ローカルな「一地方」としての顔の両方があります。そして、どちらの機能も発展させなければならず、課題も少なからず存在します。

東京は今まで大量の若年人口を吸い上げることにより「若い都市」でいられましたが、この先は急速な超高齢化が進みます。にもかかわらず、医療や介護の体制は「若い都市」のまま。急性期重視の医療体制から転換できていません。

さらに問題なのは、過度の人口集中により災害に対してきわめて脆弱で、世界一危険な大都市とさえ言われていることです。ドイツの保険会社（ミュンヘン再保険会社）が、自然災害のリスクを世界主要都市で算出したところ、東京（・横浜）がダントツで危険だという結果が出ました。二位はサンフランシスコ、三位はロサンゼルスで、四位は大阪（・京都・神戸）です。首都直下型地震のリスクが高く、さらに木造住宅が密集しており、地下鉄がたくさん走っている。

実は地方が元気になり、東京への一極集中が解消されていけば、結果として東京の価値が上がることにもつながる、とも言えます。

本来、こうした長期的な国家ビジョンについては、国会でもっと議論されるべきテーマです。しかし実際には、目先の政策どころか、「疑惑」「失言」といった話に終始することも珍しくないのはご存知の通りでしょう。地方創生担当大臣の時にも、もっとお話ししたいことはたくさんありました。

やはり「不都合」や「不利益」に関する議論は避けられてしまいがちなのでしょう。

しかし、本当は語れば国民はわかるはずだ、と私は確信しています。

7

選挙で勝つ体制が長期ビジョンを支える

田中派からスタートした政治家人生

水月会をつくるにあたって、「石破は派閥否定論者だったはずじゃないか」といったご指摘をいただくこともありましたが、それはちょっと事実とは異なります。もともと私は決して派閥否定論者ではありません。そもそも田中派に育ててもらい、渡辺派で初当選したのですから。

派閥の功罪について、ここで私自身の経験と認識を述べておきましょう。

私が政治の世界に足を踏み入れた時に所属したのは田中派でした。政治家になった経緯も含めて、少し昔話におつきあいください。

私が慶応大学法学部を卒業したのは一九七九年。この時父は鳥取県知事を四期務めたのちに、田中派から出馬して参議院議員となっていました。

卒業前に父から、政治家になるつもりはあるのか、と聞かれたことがあります。絶対にやらない、と答えた私に父はこう言いました。

「そうだろうな。お前みたいに人のいい奴につとまる仕事じゃない。お前は、俺と違って、苦労していない。政治家になっても、大成しないだろうな」

その頃の私は、新聞記者に憧れていました。本を読むのも、文章を書くのも好きだったからです。しかし、「ジャーナリストは人を批判してばかりいる仕事」と考えている父に猛反発を食らいます。

それでは国鉄はどうか。鉄道好きだったのでそう言ってみると「あれは、そのうち潰れる」という理由で却下。結局、あれこれ話し合った結果、銀行を薦められました。

「君は政治家になるんだ」

そんなことがあり、その年、私は三井銀行（当時）に入行し、日本橋本町支店に配属されます。入った当初は、お札の勘定すらおぼつかず、仕事を身につけるために朝七時半に職場に入り、夜は残業につぐ残業という日々でした。午後十一時よりも早く帰った記憶がありません。

それが当時の日本企業ではよくある風景でした。私も疑問を持たずにしゃかりきになって働き続けました。いや、むしろ入行してから一九八三年まで、「ホッピー」を愛飲していたあの頃が、人生で一番楽しかった時だったかも知れません。

時は安定成長期、初任給は八万円弱、週休一日（土曜は半休）、千葉県松戸の社員寮を朝六時半に出て、ほとんど終電で帰る。終電前の一時間ほど、毎晩のように先輩に連れられて神田の「一番鶏」という焼鳥屋で飲んでいました。信じられないような話ですが、日曜日に寮ですることもなくゴロゴロしている時、「早く月曜にならないかな」と思ったのは、仕事よりもこのひとときの飲み会が楽しみであったからのように思います。

このまま銀行でのキャリアを積んでいくものだとばかり思っていた人生が一変したきっかけは父の死でした。一九八〇年、父は二回目の当選を果たした後に自治大臣・国家公安委員会委員長に就任します。ところがその直後に膵臓癌であることがわかり、翌年の夏に亡くなってしまいました。七十三歳でした。

父の葬儀は鳥取では県民葬として行なわれ、続いて東京で前代未聞の「派閥葬」が行なわれました。病床の父が田中先生に「葬儀委員長になってくれ」と頼んだ約束を果たすため、自民党葬ではなく「田中派葬」を執り行なって下さったのです。場所は青山斎場。たいへん大きなものでした。

その数日後に、田中先生にお礼のあいさつに行った時に、私は突然、選挙に出ろと言われます。

「君が衆議院に出るんだ」

出てみないか、ではなく、「出るんだ」です。もう決まっているのです。私は銀行に勤め続けたいと言ったものの、まったく聞いてはいただけません。

「何が銀行だ！　君は代議士になるんだ。お父さんがこれまで築いてきたものがどうなってもいいのか。君のお父さんは、これまで鳥取県民のお世話になってきたじゃないか。知事を十五年やり、参議院七年、さらに大臣も務めた。君は自分さえ良ければいいのか。そんなことで君ねえ、石破二朗の倅とは言えないよ」

木曜クラブの選挙術

総理の座から降りていたとはいえ、この頃の田中先生の力には絶大なものがありました。国会議員だって逆らえないのに、二十代のただのあんちゃんだった私が逆らえるはずもありません。その後、紆余曲折を経ながら、私は田中先生の下で政治家を目指すことになりました。

銀行を辞めて、すぐに立候補できたわけではありません。まずは、木曜クラブ（田中派）の事務局員になりました。当時の田中派の選対本部でもありました。

入ってしばらくして選挙が近くなったときに、先輩秘書の方々から命じられたのは、壁いっぱいの張り紙に全国の選挙区の自民党候補者の名前を書き出すという仕事でした。次にその中で田中派の候補者だけを大きく赤い枠で囲みます。

「この枠内の候補者だけを当選させるのが、ぼくらの仕事だ」

そう言われました。派閥の候補者を全員当選させるのが、事務局一丸となって取り組むべき最大のミッションだったのです。

日本全土の白地図で、田中派が取っている選挙区だけを赤く塗るといった作業も行いました。白い部分はまだ制覇していない、ということです。

一九八三年は、「選挙の当たり年」とでも言うべき年でした。六月には参議院選挙が、さらに八月には衆議院京都二区の補欠選挙が行われました。このとき立候補して当選したのが、谷垣禎一先生と野中広務先生です。十二月には衆議院選挙が行われました。いわゆる「ロッキード選挙」です。要は一年中選挙をしていた年でした。

こういう時に事務局では何をするか。末端の私の仕事の一つは、応援弁士リストの作成でした。

応援に出向く派閥の大物、幹部クラスの名前が左の列にずらり並んでいます。一番上が田中先生で、その下に金丸、竹下、橋本といった名前が続きます。右の列には各候補者の名前が並ぶ。つまり、誰がいつどこに行くかを表にしたものです。

今ならパソコンでエクセルを使って作る類のものでしょうが、当時はそんなものはないので、手で書き込んでいくしかありません。

田中派は選挙に強いと言われていたゆえんは、こうしたシステムの存在にありました。事務局がシステマチックに選挙に取り組むのです。

応援といっても、ただ有名な政治家を投入するといった単純な発想には基づいていません。たとえば農政には強いけれども、建設関連の政策には弱い候補者がいるとします。その場合は建設省（当時）に強い幹部を送り込む。逆に建設省出身だが、農政には弱い候補者がいれば、農水省に強い幹部を送り込む。つまり応援弁士によって候補者の弱点を補うという考え方です。

まだ今ほど情報網が発達していない時代でした。それでもかき集めた地元紙の選挙区情勢などをもとに分析をして対策を練っていくのです。そのための下調べの作業が、新入りの私の仕事でした。

田中派のすごいのは、こうした作業を日常的に行なっていたということです。つまり選挙が近づいてから慌てて対策を練ったり、人を派遣したりしていたわけではない。その年の三月くらいからはすでに、いつどこで集会を開くか、どこに誰が行くか、といったことを決めて、選挙に備えていたのです。

ここで資料作りからコピーまであらゆる下働きを経験しました。私の作った資料をもとにリストが作成され、さらにそれを田中派の秘書会で議論し、チェックして修正を行っていきます。この秘書会の中での序列は、仕えている議員の当選回数とは関係なく、能力と経験で決まります。いわば実力本位のブレーン組織が、戦略を細部まで決めていくわけです。

この秘書軍団は、中央にずっと居座っているわけではありません。いざ選挙となればそれぞれが「衆議院議員　田中角栄」という名刺を持って各選挙区に散っていきます。そして、「田中先生がよろしくと言っていました」と全国で配るのです。私も京都補選の際には、舞鶴に一カ月泊まり込み、名刺を配って回りました。

渡辺派へ移籍

選挙は候補者本人がやるものだ、という考えも徹底して教え込まれました。日頃から小さな会合などを候補者本人が行う。その地道な蓄積があってこそ、その後の選挙を戦えるのだという考え方です。そういう蓄積がないままに、ただ選挙の時に〝大物〟を投入したところで効果は限定的です。最近でも選挙戦終盤に、次々と有名議員を投入する様子が伝えられますが、蓄積があってこそ奏功すると私は考えています。

こうした田中派の選挙の戦い方を学習できたことは、その後の私にとってとても大きな財産になっていきました。実際のところ、今でも全国の選挙情勢がそれなりに頭に入っているのは、この時の原体験があるからです。

政界に入りたての私にとって、この時の選挙体験は強烈でした。そして、これが田中派独自の文化、伝統だったのだということもすぐに理解する機会を得ました。

というのも、一九八四年、翌々年の選挙に出馬する前に、私は田中派を離れることになったのです。きっかけは、前年に鳥取全県区でトップ当選した議員が急逝したことでした。その後継として出馬してはどうか、という話が持ち上がったのです。

亡くなられた議員は渡辺派（温知会・その前身は中曽根派）所属であること、そしてこの選挙区にはすでに別の田中派の議員もいらっしゃることから、田中先生が、お前にその気があるのなら口をきいてやろう、と勧めてくださいました。

渡辺派の掲げる政策が、当時の私にとっては抵抗なく受け入れられるものだったこともあり、私は渡辺派に円満移籍したうえで出馬することになったのです。

その後、派閥によってこんなに選挙のやり方が違うのか、ということを痛感しました。渡辺派の選挙への向き合い方は、田中派ほどシステマチックなものではありませんでした。田中派の選挙戦は「総合病院」のようだと喩えられるほど、メンバーに対して行き届いたものでしたが、「地鶏集団」渡辺派のそれはまったく異なるものでした。

派閥の重鎮である江藤隆美先生が、「石破君、田中派と違って、わしらはみんな地鶏じゃけえ。エサは自分で探して歩かなければいかんのじゃ」と仰っていたことがあります。つまり派閥の力に頼るのではなく、各議員が自力で戦う文化だったのです。

どちらの派閥のあり方が良い、悪いということではなく、派閥にはそれぞれの文化があったということなのですが、私はやはり選挙に勝つには田中派のシステムは有効だと感じました。その考えは今に至るまで変わっていません。

誤解のないように補足しておけば、田中派は選挙のことばかりを考えて政策をおざなりにしていたわけでは決してありません。新総合政策研究会という政策の勉強会も月一回、行われていました。私の仕事は、そこでテープを回して、録音をもとに文章化することでした。速記者にもお願いしていたのですが、代金が高いので、登場したばかりのワープロで自分でもやっていました。これが政策を勉強するうえでは非常に役に立ちました。

自民党田中派化計画

二〇一二年、安倍総裁の下で自民党幹事長になった際、考えたのは、自民党全体をあのころの田中派のようにしたい、ということでした。より正確に言えば、選挙に強い田中派の文化を自民党の文化として浸透、定着させたいと考えたのです。

すでに小選挙区制度となって久しく、自民党議員同士が戦うことはもはや無くなっていました。中選挙区時代は同じ選挙区の中でも派閥同士で議席を争い、それぞれが総裁候補を立てて争っていました。その派閥の色もあり、右寄り、中道、左寄りの派閥が党内にあった。この構図から、かつては自民党内で疑似政権交代が行なわれていたとも言われます。

しかし選挙制度改革等により、派閥の力は低下していきました。もちろん、すでに田中派の文化もほとんど廃れていました。

それだけに党全体で、選挙に常に備え、勝つためのノウハウを共有する体制を作りたい、と私は考えました。もちろん派閥ごとに政策を研究し、議論をするのはいいことです。そこにはそれぞれのやり方、文化があってしかるべきです。

しかし、選挙戦においては田中派のアプローチが有効だというのが私の考え方でした。

風頼みからの脱却

小選挙区制度は、「風」次第で大きく情勢が変わる制度だとされています。二〇〇九年にはその風が民主党（当時）に、二〇一二年には自民党に吹いたことで、政権交代が起こりました。

小選挙区とはそういうものだから仕方がない、という考え方もあるのでしょう。

しかし、政党として目指すべきは、少々の風ではびくともしない体制のはずです。自民党がその時々の「風」で勝ったり負けたりする党になってしまったのは、選挙の底力――日頃の有権者との触れ合いをなおざりにしてきたからではないか、とかねがね私は考えていました。

これは思い付きではなく、自分の経験に裏打ちされた確信でもあります。

先ほど触れたロッキード選挙の名前の由来は、言うまでもなくロッキード事件です。選挙戦の二カ月前にロッキード事件の公判で田中先生は有罪判決を受けていました。当然、世間の風当たりは強く、田中派の候補者は不利な戦いを強いられます。

そんな中、選挙直前、田中先生は配下の議員たちにこんな檄を飛ばします。

「お前たち、地元で俺の悪口をどんどん言え。『俺は田中派だけど、田中は許せん』くらいのことを言って構わん。それで勝って戻って来い」

結果、どうなったか。

開票日、私は砂防会館に田中派が設置した開票センターのようなところにいました。議席数を書いた紙をめくっていくのが新米事務局員の仕事です。寄席でよく見る演者を書いた紙のようなものをイメージしていただければわかりやすいでしょう。

自民党の議席数、田中派の議席数を当確が出るたびにめくっていく。すると、途中までその両方をめくるペースがまったく同じでした。自民党は前回二八四議席から二五〇議席と大きく議席を減らしましたが、田中派は議席をほとんど減らさなかったのです。

私にとってこの経験は強烈なものでした。選挙とはこういうものか――まざまざと見せつけられた気がしました。どんなに向かい風が強くても、きちんとした選挙をやっていれば負けない。そんな教訓を得た選挙でした。

その後、様々な経緯があり、選挙制度が変わったこともあり、派閥が選挙に与える影響力も弱くなりました。一方で、それに代わりうる党内の選挙システムは、少なくとも私の知る田中派ほどには存在していませんでした。これでは風に勝てない。風によって落ちたり、通ったりすることになる。それではいけない。

だから幹事長として、党内全体を改革すべきだと考えたのです。

このように述べると、「政治家は選挙のことばかり考えている」と嫌う方もいるかもしれません。しかし、私は風に負けない政党でなければ、長期的な政策を打ちだせないと考えています。

前述の通り、これからの責任政党は、受けが悪かろうが耳が痛かろうが、国民に訴えるべき政策を訴えざるをえなくなります。そのためには、選挙に強い自民党でなくてはなりません。迎合的ではない政策を提示して、それでも選挙に勝つ体制を作りたいと考えたのです。

党本部の改革案

自民党を「田中派化」するにはどうすればいいか。

実際に考えたのは、たとえばこういうアイディアでした。それぞれの派閥の事務所は党本部とは別のところに借りています。これをすべて党本部に集めてしまったらどうだろうか。さらに各派閥の選挙に練達したスタッフも党の職員にしてしまったらどうか。狙いは選挙のノウハウをできるだけ党全体で共有することでした。こういう体制を作ることで、かりに他派閥であっても、農政に強い人が弱い人の応援に出向く、といったことが従来よりもスムーズにできるはずだ、と考えたのです。

さらに、党本部のワンフロアを地方組織のために開放することも考えました。私は民主党から自民党が政権をすぐに奪還した大きな原動力は、地方組織に雲泥の差があったからだと思っています。自民党都道府県連と言われる地方組織の都道府県議会議員、市町村議会議員ともっと党本部が連携できるようになればいいのではないか、というのが発想の原点でした。

たとえば各地方から陳情に出てきた議員、党員が自由に使えるスペースを設け、人の紹介をしてもらったり、パソコンで作業をしたり、電話をかけたりできるようにする。希望があれば党本部職員のアドバイスも受けられ、また休息場所としても使ってもらえる。こうしたことで、地方組織と中央との連携もより強化されると考えました。

派閥同士の連携と、地方と中央の連携を進めることで、より選挙に強い自民党をつくれるだろうと思いました。しかし、こうしたアイディアは結局、実現に至りませんでした。特に派閥の連携については、「石破は派閥を否定している」と受け止められてしまったようでした。真意が必ずしもストレートには伝わらなかったのは残念です。

ごく細かいことですが、自民党本部の受付のガラスの仕切りを撤去させるというアイディアは実現しました。

そもそも民主党に政権を奪われたのは、自民党と国民の感情が乖離《かいり》していたからです。すぐに政権奪還できたとはいえ、その感情の距離が解消されたわけではありません。それなのに党本部にせっかく来た地方の人が、ガラスの仕切りを見たときにどう思うだろうか。その距離の象徴のように私には見えました。今時、銀行だって、もっと近い距離で接客をしています。

仕切りを取っ払って、直接「いらっしゃいませ、ありがとうございます」と声をかける。その姿勢が大事だろうと考えたのです。

実のところ、この程度のことですら、大きな抵抗がありました。長年の慣習というのはなかなか変えられないものなのでしょう。実現には数カ月を要したと思います。

選挙必勝塾

派閥連携策はうまくいきませんでしたが、選挙に強い体制を作るための選挙必勝塾の開催は実現しました。当選回数が浅い議員を主な対象として、細部にまで立ち入った内容を伝授するセミナーを開催しました。

たとえば都市部と農村部、男性候補者と女性候補者、二世議員と官僚出身者と地方議員出身者等、それぞれの候補者によって立場は違います。選挙に勝つノウハウには共通の部分もあれば、その立場ごとで違うものもある。個性、属性によって有効な言葉づかいや、NGワードなどがあります。わかりやすい例でいえば、官僚出身者などはつい「上から目線」と受け止められがちなので、そうした点に気を付けなければいけません。

こうしたことを指導するのが、この選挙必勝塾です。私も講師を務めましたし、いろいろな立場の選挙に強い議員にも講師を務めていただきました。もちろん外部講師として専門家にもおいでいただきました。

当時の初当選組の中には今でも「あれはすごく勉強になった。よかった」と振り返ってくれる人が多くいるのは、嬉しいことです。実際、必勝塾の特訓のおかげだけではないにせよ、彼ら初当選組の多くは二年後の総選挙でも再選されています。最も厳しいと言われる二回目の選挙を生き残ったのです。

彼らには初当選の直後から私はこう繰り返していました。

「当選のバンザイをした瞬間から、次の選挙は始まっているのだ。決して浮かれてはいけないし、勝ち誇ったような顔を見せてもいけない。初登院までは東京に来なくてもいいから、公職選挙法の許す範囲でお世話になった方々にお礼のあいさつをし、暇を見つけては選挙区に帰れ。握った手の数、歩いた家の数しか票は出ないのだ」

これもまた私が旧・田中派で叩き込まれた教えでした。

人材抜擢のシステムを

与党に戻り、幹事長を務めていた時には、大臣未経験者全員に、どのような役職に就きたいか、希望票を提出してもらいました。希望票には第三希望まで記入可能としました。

そしてそれぞれについて、なぜその仕事をやりたいのか、なぜそれに自分が相応《ふさわ》しいと考えるのか、といったことも併せて記入してもらったのです。

　基本的にはこの希望票にもとづき、できる限り希望に添えるように、また向き不向きを確認しながら人事を行いました。

　今振り返っても、こうした方向性は正しかったと考えています。有能な人材を年齢や派閥にとらわれずに抜擢する、プランややる気を評価していく、といった方向性は、企業ならばとっくに取り入れていることではないのでしょうか。

　大臣を当選回数で決めるようなやり方は、昔は合理性があったのかもしれません。しかし今の時代に合うものだとは思いません。当選一回でも適任の人もいれば、十回でも不適格な人もいることでしょう。

　これからは、ますます民間に生産性を上げてください、年功序列にこだわらないでくださいい、などと言っていかなければならないのに、政府や自民党の組織だけ旧態依然としているようでは、説得力がないことこのうえありません。真に有能な人材を適材適所で配置することこそが、国民の期待に応えることに直結するのではないでしょうか。

8

何よりも磨くべきは政策である

水月会とはどんな集団か

よくニュースなどで「石破派」と称されることがありますが、このグループの正式な名称は「水月会」です。水月会とはどのような集団なのか、端的に示すエピソードがあります。

第二次安倍政権で内閣改造が行われたあと、何人かのメンバーが記者から、「水月会にいるとポストがもらえないんじゃないですか」という些《いささ》か意地悪な質問をぶつけられたことがあったそうです。すると、口々にみんな、こう返したそうです。

「カネやポストが欲しけりゃ、水月会なんかには居ないよ」

私はこれを聞いたときに、とてもうれしく思ったものです。

それでもなお、なぜこういう集団があるのか。なぜこういう集団を立ち上げたのか。

この点を少しご説明します。

新進党から自民党に復党したのち、私は津島派に所属していました。津島派はもとは竹下派で、源流はあの木曜クラブに辿り着きます。

その後、下野した自民党の政調会長になるにあたって派閥を離脱しました。自民党では党三役を務めている間は、派閥から離脱するという決まりがあったからです（最近は、この決まりはうやむやになっているようですが）。

前述の通り、私自身は田中派と渡辺派に育ててもらいましたし、派閥否定の立場を取ったことはありません。だからといって、自らの派閥を作ろうと積極的に考えたことはなかったというのが正直なところでした。

状況が変わったのは、二〇一五年、総裁選が行われるかどうかと言われていた頃のことです。当時、私は地方創生担当大臣を拝命していました。

ある時、現在の水月会メンバーのうち、四人の中堅議員が私を訪ねて来ました。そこで「今度の総裁選に出るつもりがあるのか」と聞かれたので、「大臣を拝命しているから今回は出ない」旨を答えました。すると、彼らから「では三年後を見すえて、しっかりと腰をすえて政策をつくるグループをつくりましょう」と提案をされたのです。

水月会は、今もことあるごとに「反安倍」といった報道のされ方をしますが、この立ち上げの経緯からしても、「反安倍」などと考えて集まったわけでは決してありませんでした。

しかし、今まで縷々《るる》申し上げてきたように、「安倍一強」と言われる状況に自民党全体があぐらをかいてしまうようなことがあったとしたら、それは国民にとって決して良いことではない、とも考えていました。常に「次」に備える政策集団は必要ではないか。何かあった時になって「どうしよう」では無責任ではないか。

こうして水月会は発足しました。名付け親は東京都台東区谷中にある「全生庵」の平井正修住職です。ここで私は安倍総理と何度かご一緒に坐禅させていただきました。「水月」は禅に由来する言葉で、「水面に月が映っている。月は水面に映ろうとしているものではないし、水面は月を映そうとしているのでもない。互いが己を主張することなく、見事に調和を保っている」という意味だそうです。無私、無欲、己を誇らず、相手を貶めず、ひたすら研鑽に励み、世の中のために尽くす集団であるべし、との思いが込められています。

発足の日は、安倍総裁が無投票再選を決めた後の、二〇一五年九月二十八日でした。記者会見の場では、三年後の総裁選出馬を目指すことを明言しました。また同じ日に中曽根康弘元総理をお訪ねし、「天下を目指しなさい」と激励の言葉をいただきました。

この水月会発足を、メディアは必ずしも前向きには捉えなかったようです。何と言っても人数は二十人なので、他の派閥と比べても多い方ではありません。発足を伝えるある新聞の見出しは「石破派、不安な船出」となっていました。

人数は、会長の私を除けば、総裁選出馬に必要な二十人に一人足りませんし、当選回数の少ない議員も多く参加してくれていましたから、そのように見る向きがあるのも仕方のないことだったのでしょう。

ベンチャー政策集団

そもそもこうした形で派閥が生まれることは自民党の歴史の中でも、おそらく初めてのことです。水月会以外の派閥には、みんな何かしらの「源流」が存在しています。たとえば竹下（亘）派は、その前は額賀派、津島派であり、さらに辿って行けば橋本派、小渕派、竹下派となり、最終的には吉田派ということになります。水月会以外のどの派閥も、自民党発足当初、昭和三十年代に存在したグループが源流となっていて、離合集散が行なわれて現在に至っている。だから系図のようなものが描ける。

その観点からすれば、私たち水月会は異形の集団とも言えるでしょう。誰が言うともなく「ベンチャー政策集団」と言われるゆえんです。

ただし、それぞれのメンバーの能力は極めて高いと自負しています。この点には会長として相当の自信があります。

先日、こんなことを言っていた人もいました。

「最近、テレビやインターネットテレビに出演する自民党議員の六割くらいが水月会所属議員なんだそうですよ」

これは、とりもなおさず政策論争に強く、説明能力の高い議員がメンバーの中に揃っている証拠ではないか、と思い、嬉しくなったものです。

勉強会での研鑽

二〇一八年、水月会は『石破茂と水月會の日本創生』（新講社）という本を出版しました。これは私も含めて、会の全員が月二回開催される勉強会で発表したことをまとめたものです。

以前にも、このような政策グループとして本を出した例は無かったわけではありません。かつては山崎拓さんのグループが、憲法に関連した質の高い論考集を発表していましたし、いわゆる二階派が「国土強靱化」というコンセプトに基づいて出版されているのは記憶に新しいところです。

しかし、この本のように所属議員全員を執筆者としているものは、私の知る限り、初めての試みではないかと思います。

もちろん、会が二十人という少人数で構成されているからこそ可能だったプロジェクトであることは否めませんが、メンバーの日頃の研鑽の賜物である、とも言って良いのではないかと思っています。

水月会の勉強会は、外部講師を招くこともありますが、メインは所属議員それぞれの発表です。定期的にメンバーが発表者となるのが決まりとなっており、順番が回ってきたら三十分から一時間は皆の前で話をしなければなりません。先ほどご紹介した本は、その内容を文字に起こしたものがベースになっています。あまり他派閥の事情には詳しくないのですが、こういうやり方はおそらく他には見られないのではないかと思っています。

自分で発表するとなると、どんなに詳しくわかっている政策内容であっても、自然とそれをまとめる準備やさらなる勉強をしなければならず、その負担は相当なものです。また、そこで発表してもメディアで取り上げられるわけでもなく、有権者に伝わることもありません。それでも、「自分はこの政策を実現したい。仲間のみんなにもわかってほしい」という強い思いがあれば、こんな面倒なことをちゃんとやってくれるのです。

私たちは、できるだけ政策を磨くことが重要だと考えています。それこそが政治家の売りにするべきものではないか、とも。

商品にたとえれば、政策のクオリティは商品の品質そのものであり、それ以外のスローガンや見た目などはパッケージにあたるでしょう。もちろんパッケージも重要です。選挙もイメージに左右されるところが大きい以上、仕方がありません。

しかし一方で、商品自体の質の向上を心がけないと、国民には見透かされてしまいます。見栄えで勝負する、というのはかなり古いやり方ではないでしょうか。

共有すべき認識とは

現在の与党である自民党、公明党ではなくとも、責任政党であれば共有できる現状認識、議論の前提は存在しています。

たとえば、外交においては、日米安保はもはや東アジア地域の公共財であり、地域のために堅持しなければならないということ。安全保障においては、中国、北朝鮮、ロシアの動向を警戒しなければならない、ということ。この二つについては、国民民主党などの野党とも大筋において認識を共有できるでしょう。

また内政については、急速な人口減少、少子化、超高齢化が国家的な危機となりうるものであり、これを解消する政策を打ち出すのが急務である、というのもまた共通認識になりうるでしょう。ある種の文明論、哲学論として「ある程度人口が減ってもいいじゃないか」という考え方もありえるでしょうが、少なくとも政治家でそういうスタンスを取るとすれば、それは無責任です。

財政政策に関してはどうか。「国の借金はゼロにすべし」というような極端な考え方は見られませんし、意味がないでしょう。国家はある程度、未来のために先行投資をすべきで、そのために国債を発行することも必要です。たとえば道路などのインフラ整備、防災対策などを進めるうえでも、常に巨額の予算が必要になるのは間違いありません。

だからといって国債を無制限に発行することはできませんし、国債依存度を下げていくべきだ、というのも多くの政党のコンセンサスであろうと思います。

国債発行も財政健全化も手段であって目的ではない

経済学者や評論家の中には、日本の借金は国内で消化しているものだから問題ない、といった見解を述べる人もいます。そういう人はどんどん国債を発行して、市場に金を出回らせればいいと考えているようです。

「日本の借金は、子供がお母さんから借りているようなもので、家庭内でおさまっているから大丈夫」

こんな喩えで説明される方もいます。

しかし、国債を発行するというのは、ないところから魔法のようにおカネを生み出しているわけではありません。経済主体が大まかに言って、国、企業、個人の三者しかない中で、企業や個人があまりおカネを使ってくれないからこそ、個人からおカネを借りてまで国が使おうとしているわけです。

その中で、公共事業による雇用で企業や個人が潤い続けるような構造にはもはやないことはすでに述べました。そうすると、国がおカネを使うにしても、それが新しいビジネスを生むようなことを考えながら使わなければ、経済の構造が良くならないし、経済の構造が良くならなければ、いつまでたっても企業や個人がおカネを使ってくれないわけです。

つまり、国民経済を良くするという目的の前では、国債発行は単なる手段であって、むしろ何にそのおカネを使うかの方が重要なのです。

逆も同じことが言えます。財政健全化、つまり次世代にあまり負担を残さないようにしようというのは、次世代の有権者の自由度を確保することと同時に、日本の市場の信認や市場との対話など、現在の経済運営の選択肢を広げるためという意味も持っています。これもまた、財政健全化自体が目的なのではありません。目的はあくまでも国民経済を良くすることです。

それは言い換えれば、総体としてのＧＤＰだけではなく、一人当たりＧＤＰを増やすことを目標の一つに掲げることでもあります。

社会保障をもっと多様に

ここからは、どのようにアベノミクスの先を組み立てていくのかについて、ざっとお話ししてみたいと思います。

デフレ脱却に相当近づいてきているのに、個人消費が伸びない理由の一つとして、「長生きリスク」が挙げられています。人生九十年、百年時代と言われ、思わぬ長生きをしてしまいそうなのに、それを必ずしも肯定的に捉えられず、いつまで生きるかわからない不安に備えて貯蓄を取り崩せない、ということです。

また財政運営を考えるうえでも、その圧倒的な支出は社会保障関係費に向けられていますから、年金・医療・介護の支出をどう考えるかが一つ大きな項目でしょう。

「税と社会保障の一体改革」は、安定した財源として消費税と社会保障とを結びつけ、財源を確保したうえで社会保障の増え幅に対応しようとするものでした。しかしこの時点で、少なくとも私は二つの見逃しをしていました。

一つめは、日本における消費増税の政治的リスクの高さ。二つめは、社会保障給付の内容です。

たしかに付加価値税は景気の動向に左右されにくく安定した財源であり、北欧など欧州においてはその点も踏まえて社会保障関係費を支えるのに適しているとされています。しかし同時に、欧州においてはむしろ直接税の増税よりも付加価値税の増税の方が国民に受け入れられているという大前提もあったのです。現在の日本のように、消費増税自体が大変な政治的イシュー（論点）となり、下手をすれば政権の存続自体がそれに賭けられるような状況とはまったく違います。

また、「一体改革」においては、必ずしも今の社会保障関係給付の内容自体を見直すことはしませんでした。しかしこれだけの技術の進歩、なかんずくビッグデータやＡＩの進展を考えれば、社会保障給付の内容を自分で選択することで、結果的に効率的なものとすることは十分に可能なはずです。

たとえば、お昼ご飯を食べるときに、全員同じコースメニューだったとします。そうすると好き嫌いがありますから、それなりに食べ残しも出るでしょう。これがビュッフェスタイルだったら、それぞれ好きなものを好きなだけ取ってくればいいので、食べ残しは基本的には出ないでしょう。

これと同じで、日ごろから一日一万歩、歩くことを心がけ、定期的に健診を受け、自分の健康をきちんとメンテナンスしている人には何らかのインセンティブがあればどうでしょう。年金、医療、介護とある中で、そういう方は医療費も介護費も使いません。ではその分、年金が少し多くてもいいのではないでしょうか。マイナンバーも効果的に使いながら、それぞれに合わせた社会保障のプランニングをしていけば、結果的に「食べ残し」つまり本人の望まない社会保障サービスは効率化することができます。

一方で、「診療報酬の外の世界」で「正当な利益を確保できる、新産業としての医療・介護」という視点も重要です。我が国が誇るべき国民皆保険制度は診療報酬の中の世界で維持しながらも、その周縁部分、まさに「サービス産業」としての伸びしろ部分に、顧客満足度の向上と効率化を両立させるカギがあるはずです。

このような方策で、もう一度社会保障の負担と給付のメニューを洗い出し、明確化し、国民一人一人に選択していただくことで、将来不安も払拭できると思うのです。

ここまで広がる「地方創生」の可能性

6章で、「地方創生」は本来的には「小さな」話ではない、ということを申し上げました。これは少しかっこいい言い方でいえば、「トップダウン・エコノミーからボトムアップ・エコノミーへの転換」でもあります。

少し視点を変えると、例えば「モノ消費からコト消費へ」ということが言われます。成熟経済においては、ただ何か「モノ」が欲しいのではなく、「コト」つまり体験を含めたイベントや思い出づくりなどにこそ消費が移る、ということです。

これをふまえれば、観光・文化・スポーツによるコトづくりを中心に据え、今まで「ハコモノ」などと揶揄されてきた公共資産を、地域のスポーツやイベントを中心として、それ自体が利益を生むものに育てていく(プロフィット・センター化)というのも地方創生の一つの派生形です。

また、「地産地消」を有機的に結合させることで、地方の中小企業を中心に、そこで作られるものをそこの人が買う、あるいは観光客が買っていく、それでおカネが地域に循環するという仕組み（地域経済好循環エコシステムの構築）も考えられます。

先ほど触れた社会保障にしても、第二・第三の人生を地方でのびのびと過ごす日本版CCRC（「生涯活躍のまち」）や、生活圏を徒歩圏内とすることで自然に健康長寿を実現できるまちづくりなど、地方に場を設けることであらたな活躍の場が広がります。

バイオマスや地熱、小水力発電などの新しい再生可能エネルギーも、地産地消を中心とすることで新しい地域の活力となります。

少子化対策ですら、地域の個性となりえます。子育てしやすいまちに「子育て移住」が起きつつあることは述べましたが、すでに婚活イベントが地域の活性化の一つの材料となっているところもあり、またシングルペアレントに狙いを定めて、ひとり親の方々を積極的に移住支援している地方もあります。

ロボット、ドローン、ＡＩ、機械化、顔認証などの新技術と相性がいいのも地方のローカル産業です。農業や観光業、中小の建設業などと組み合わせれば、地方を中心とした生産性は劇的に向上します。

このように、地方創生の可能性はとどまるところを知らないのです。

教育にも革命的な選択肢を

もうひとつ、教育についても少し述べたいと思います。

意外に思われるかもしれませんが、私は左官、建築板金、鳶《とび》などの職人の方々の関係団体の議員連盟の会長などを多くお引き受けしています。

その中で考えたのは、もともと日本には職人文化が根付いており、サラリーマンですら職人気質を多く備え、モノづくりのディテールにこだわるのに、肝心の職人を体系的に育て、彼らの技術に対する正当な金銭的評価を確保する体制整備を怠ってきたのではないか、ということでした。

そこから派生して考えれば、あまりにも画一的な教育体系の中で、職業選択の幅が著しく狭くなっているのではないか。

本来、パティシエやすし職人、先ほど述べた建築関連職工、デザイナーやアーティストなどは、子供のころから才能を発揮しうるものです。そうであれば実学重視の教育がもっとあってしかるべきですし、そういうところを出た人が、自分の腕一本で高収入をたたき出せるというのがあるべき姿でしょう。

みんな同じように小学校に行き、少し勉強ができれば受験校に進み、出来が良ければ有名大学や医学部に入り、なんとなく大企業や役所に就職し、あるいは医者になる。それでいい人はもちろんいいのですが、そうでない道が若いころから明確に見えているのに、とりあえず潰しがきくようにと一旦は総合大学を受け、卒業する。そんな必要は必ずしもないのではないでしょうか。

地域産業の担い手、即戦力となりうる人材の育成も不可欠です。これだけインバウンド（訪日外国人旅行）が増えている中、地方においても英会話の能力は必須ですが、観光に必要な英会話を学ぶために、英文学部に行ってシェイクスピアを原語で読む必要はありません。教育の機会を増やし、その内容を多様化することで、人生の選択肢も飛躍的に広がるはずです。

また女性や高齢者の活躍、あるいはテレワークなどの推進のためにも、人生の各段階におけるキャリア教育の体制が欠かせません。結婚、出産、育児、病気療養、介護、看取りなど、人生において大切なイベントは多くあります。これらのイベントを、一人一人が望む形で、一人一人が望むタイミングで実現するためにも、中断したキャリアをグレードアップして継続するための教育は不可欠です。

自立精神旺盛で持続的に発展する国づくり

二〇一七年の総選挙は「国難突破総選挙」と銘打たれました。私が考える現在の「日本の国難」とは、外政においては激変する北東アジアの安全保障環境、内政においては急激な人口減少、ということに代表されます。

日本の高度経済成長の背景となった人口ボーナス期とは全く異なる人口構造になったにもかかわらず、産業構造の転換も、人口政策も後手に回ったことは、我々政治に携わる者に大きな責任があります。

アベノミクスの金融緩和と財政出動で生まれた時間的猶予の間に、産業構造の転換と、地方・女性・人生のベテランが持つ潜在力を最大限に引き出す必要があります。

こうした認識をもとに、私は、「自立精神旺盛で持続的に発展する国づくり」をめざしたいと考えています。英語を使えば、「インディペンデントでサスティナブルな国づくり」ということになります。

食料も、エネルギーも、安全保障も、人材も、もはや自国だけで賄えるはずはありません。しかし、出来るだけ他国に振り回されずに自分たちのことは自分たちで決めていく。あるいは、ご紹介した自民党の綱領のように、まず自助を基本とし、少し周りを助け合おうという共助、そして最後のセーフティネットとしての公助を位置付ける。それが自立精神旺盛な国づくりということだと思います。

そして、国民がより豊かに、より幸せに生きていくためには、今さえよければいい、自分たちさえよければいい、という政策の選択の仕方では通用しません。おりしもSDGs（持続可能な開発目標）やESG投資（環境・社会・企業統治重視の投資）ということが国際的にも、我が国においても言われるようになりました。ゼロサムのようなやり方では、長続きしません。海外においても、国内においても、共存共栄（ウィン－ウィン）を永続することのできるやり方を考えていく。それが持続的に発展する国づくりということだと思います。

このように壮大な国家ビジョンは、私一人ではとうてい実現できません。でも今の私には、少なくとも水月会の同志たちがいます。本当に心強い限りです。きっとそれ以外にも今後、志を同じくする多くの仲間が現れると信じてやみません。水月会とその同志、仲間たちの政策力を、この国が必要とする時が必ず来る。私の確信です。

私たちは今でも、いつも、自由に、活発に議論を続けています。締め付けのない自由な雰囲気は、時に羨ましいと言われることもあるようです。

会の人数は相変わらず少ないままですが、渡辺美智雄先生の言葉をもう一度ご紹介しておきます。

「いい加減な奴が百人いるより、信念を持った確信犯が二十人いれば、世の中は変わる」

国民一人一人の幸せを実現するため、私たちは、確信犯たらんと努力を続けています。

おわりに

地方創生担当大臣の任を離れてからもう二年が経ちますが、ありがたいことに、いまでも全国各地に呼んでいただき、週平均三回くらいは講演を行なっています。

内容としては時局や憲法、安全保障などの場合もありますが、地方創生の意義を説明してほしいとのご要望が多く、それぞれの地域の聴衆に「自分ごと」として興味を持っていただけるようにするには、下調べが必須です。秘書の協力も得て揃えた分厚い資料を読みこんで、「これをネタにしよう」「これをマクラに使おう」と書きだし、構成を箇条書きにメモしていきます。地域での成功例を挙げることもあれば、主催団体に向いた話題を盛り込むこともあります。

「そうか、うちの地方にもそんないい成功例があったのか」と知っていただき、地方創生とは地域に住む一人一人が主体となって取り組むものだ、ということに実感を持っていただきたいと思っています。

講演先では、出迎えの方に驚かれることもよくあります。

「一人でいらっしゃったんですか？」

ほとんどの場合、私は一人で現地に出向きます。基本的に秘書は連れていきません。鞄持ちもいません。出張の鞄くらいは自分で持てます。

驚かれるのは、きっと珍しいからなのでしょうが、いまどきスマホもあるし、乗り物には自分で乗れるのですから、お連れなんか意味がありません。

むしろ一人のほうが好都合なこともよくあります。交通機関にアクシデントがあった時などは、人数が少ない方が小回りが利く。しかも私は時刻表を読むのも得意です。

ある時、北海道の釧路空港から丘珠空港に向かう便が悪天候で欠航になりました。この時は新千歳空港に降りて、札幌まで地下鉄で出向いて間に合いました。地下鉄では偶然乗り合わせた方々と写真を撮ったりもしたものです。

毎週末のように各地に出向いても、とてもすべての市町村は回りきれていません。これまでに回ったのは、全国千七百十八あるうちのせいぜい三百五十市町村くらいでしょうか。

お話ししたことすべてを憶えていただけるわけではないでしょう。しかし十のうち二でも三でも残ればいいじゃないか、と思いながら全国を回り続けているのです。

最近の自民党を見ていて危惧を覚えることがあります。どうも、街頭で政策を訴える機会が減っているのではないかと思うのです。

政治の根本の一つは演説です。少なくとも私はそう思っています。政治家は演説をすることで進化すると言ってもいいでしょう。

自衛隊のイラク派遣、あるいはテロ特措法の延長など、世論が二分されるようなテーマが生じた際、私たちは積極的に街頭に出向きました。新橋、数寄屋橋、渋谷。夕方、人出が多い時間帯を狙って、不特定多数の国民に、直接、政策の意味や正当性を訴えました。

民主党が政権を取り、自民党の人気が最低レベルだった時期にも、谷垣総裁を先頭に自民党の議員は街頭に出て、政策を訴えていました。もちろん罵声を浴びせられることもありましたが、それでも訴え続けることが大事でした。

有権者の生の反応を見る。これは政治家にとってはきわめて大切なことです。ただし、地元の駅前などでの朝の演説、いわゆる「朝立ち」は政策を訴えるうえではあまり意味はありません。朝はみなさん先を急いでいるので、政策を聞いている暇はないのです。一方で夕方であれば、関心のある方は立ち止まって、話の中味を聞いてくださいます。最近でも平和安全法制や働き方改革といった国会が紛糾したテーマがいくつもありましたが、その都度、街頭で政策を訴えるといった試みはなかったようです。

さまざまな人が聞いている街頭で、聴衆を惹きつけるだけの論理を構築することが政治家には求められます。

私は大臣を拝命しているときは、質問する野党議員のことをなるべく事前に調べるようにしていました。著作や論文がある方については、できるだけそれにも目を通します。国会図書館を使えば大抵の資料は手に入るので、秘書に頼んで取り寄せ、その情報をもとに、論戦の際に「先生のご著書にはこうありましたが」といったことも意識して盛り込むようにしていました。

そうやってある程度の人間関係をベースにできれば、相手からもあまり乱暴な物言いはされなくなります。

多数決で決める以上は、与党の政策、法案が中心になることは当然です。しかし一方で、野党の意見にも参考にすべき点があることは間違いありません。私たちが見落としている視点を提示してくれることもあるでしょう。

その場合、法案は無理でも、政令レベルで対応できるものがあれば、取り入れればいいのです。

国会は議論の場であると同時に、そうした調整の場という意味もあります。

先日、何カ国かのシンクタンクの人たちが集まって民主主義の今後についてディスカッションを交わす場に出席しました。

そこで語られていたのは以下のようなことです。

民主主義の欠点は、決定が正しいとは限らないということである。しかし、みんながその意思決定に参加できる点が重要なのだ、と。

これはチャーチルの有名な言葉とも通じるところがあります。

「民主主義は最悪の制度である。これまで試みられてきた、民主主義以外の全ての政治体制を除けば」

民主主義は意思決定に時間がかかり、とても面倒で、煩雑です。しかし有権者すべてが参加できるのは長所です。全員の参加が前提である以上、必要な情報をできる限り公開する必要があります。また、「まあ俺は不参加でいいや」という人をなるべくつくらないようにすることも重要でしょう。

当然、そのプロセスを経て選ばれた人たちはみんな、誰かの代表です。だから軽く扱って良いはずがありません。政治家はみんな、相手のうしろにも国民がいることを忘れてはなりません。

もちろん全員の言うことを聞く、希望をすべて叶えることなどは不可能でしょう。しかし、それでも希望が叶わない相手に、ある程度納得してもらえるように努力は重ねなくてはならないのです。

政治家は出来る限り多くの人に「私たちのことをわかってくれている」と思われるように心がけなければならない。そのためには、本書で繰り返してきたように、謙虚さ、誠実さ、正直さが必要なのだと、私は信じています。

田中元総理や竹下元総理のところには、みんながいろいろな陳情に来ていました。もちろん、全ての希望を叶えることなど出来るはずがありません。

それでも「田中先生が聞いてくれた」「竹下先生が聞いてくれた」というだけで満足してくださる方も多くいたのです。それはやはり、「話を聞いてくれて、わかってくれた」と思ってもらえたからでしょう。

私もかつて、竹下元総理にとても無理だと思える支持者からのお願いをしたことがあります。小渕政権の頃でした。その時、竹下先生は、

「石破なあ。竹下さんでも出来んことがあるわな。でも会わんとお前の顔が立たんのだろう。わかった」

そう言って、地元の支持者に会ってくださいました。一所懸命に相手の話を聞き、面談時間十分の予定を二十分に延長してくださった。そして帰る直前の相手に、「引きとめてすまんかった。竹下さんと写真でも撮っていくかね」と言い、記念写真を撮ってくださいました。その支持者の方は喜んで帰っていきましたが、実のところ、面談の最中も基本的には「出来んわなあ」という話をしているだけだったのです。

それでもその方は十分納得し、喜んで帰っていきました。なるほど、これが竹下登先生というものか、と感銘を受けたものです。

これからの日本において、政治家はうまい話ばかりは出来ないと繰り返し述べてきました。「出来んわなあ」という局面は必ず増えていきます。

それでも相手に納得してもらえるような政治家でありたい。

そう思うのです。

二〇一八年六月

石破 茂

付録　講演「憲法問題について」（二〇一七年六月十五日　水月会勉強会にて）

きょうは、憲法について、私の思うところというよりも、自由民主党としていかなることを討議し決定をしたのか、それはいかなる理由に基づくものであったのかということをご理解いただいて、これからの議論のご参考に供したいと思っております。

それは谷垣禎一総裁時代、すなわち私どもが野党のときに党議決定をいたしました。我が党において党議決定というのはそれなりに重いものでありますし、そしてまたそれを掲げて四回国政選挙を戦っております。政権奪還の選挙、そしてこの間（二〇一四年）の総選挙、そして参議院選挙二回、都合四回それを掲げて国政選挙を戦っている。それは等閑視していいものだと思っていません。逆に、私はこれでなければ絶対だめだということを申し上げているわけでもありません。時々、自民党草案原理主義者みたいな揶揄をされることがありますが、そんなことを言っているわけではありません。あるいは、私どもだけが改正草案を持っているわけではなくて、読売新聞あるいは産経新聞においても憲法改正草案が発表されているわけであります。九条部分を見る限りにおいて、根幹はほとんど自民党の憲法改正草案とは変わっておりません。つまり、突き詰めて考えるとそういう結論になるのだなということだと思っております。それが一体どういうものであったのか。それを踏まえた上で、我々はこれから先どのように憲法の改正論議に携わっていくかということで、ご参考に供したいと思っておる次第でございます。

「自民党　日本国憲法改正草案　Q&A」というものがございます。実によくできた「Q&A」でありまして、飛行機の中でも電車の中でも、お暇があればパラパラと読んでいただければわかるように極力書いてあるなと思っておりますので、ごらんいただきたいなと思っているところでございます。

私は、日本国憲法が占領下においてつくられたので日本国憲法そのものが無効だとか、そういう立場には立っておりません。それは形式的かもしれませんが、大日本帝国憲法の改正手続にのっとって行われているものでございます。もちろん、いろいろな国際法に忠実に即したものであったかと言えば、それは疑義はたくさんあります。完璧だということを申し上げるつもりはございませんし、大体、占領国が被占領国の憲法なんかつくっていいはずがないじゃないかというのも、また首肯し得るものだと思っております。しかしながら、詐欺による意思表示であろうが、あるいは錯誤による意思表示であろうが、取り消し得ることを知ったときから一定期間を過ぎますと契約の取消権は行使できないということになっております。これは例えで、世に言われるように、陛下のお立場、国体の護持、そのことで要求をのまざるを得なかったということが仮に事実だとしても、日本国が独立して憲法を改正できるようになった時、それをやらなかったのがおかしいでしょうというのは納得し得る論理だと思っております。

私の認識では、日本国憲法は、日本が独立していないとき、国家主権を有していなかった時の憲法でございます。したがって、論理の必然として、独立に必要な要件が落ちております。すなわち、軍の規定、緊急事態の規定、この独立国家において必要な二つがない、独立していなかった国にそんな規定がないのはむしろ当然というべきものなのだろうと思っております。

学校では全く習いませんが、軍と警察は全く違うものでございます。かつて仙谷由人さんが、軍隊、自衛隊は「暴力装置」というようなことを言って物議を醸したことがございました。私も当時政調会長でしたから、あれはいかがなものかねみたいなことを申し上げましたが、あのとき「この人はマックス・ウェーバーをちゃんと読んでいるんだ」という思いがしたことも事実であります。

マックス・ウェーバーの有名な『職業としての政治』という本がありますが、彼はあの中で国家を定義して曰く、「軍と警察という『暴力装置』を合法的に独占する主体を国家というのだ」としております。これは日本では全く教わりませんし、全く一般的ではない議論です。「暴力装置」を「実力組織」というふうに言いかえるのが穏当かと思いますが、国家ってそういうものだという定義は、日本以外の国ではかなり広範に受け入れられているものだと思います。

軍というのは、国の独立を守ることが主たる役割でございます。自衛隊法にも「主たる任務」と「従たる任務」がありますが、「主たる任務」は防衛出動だけです。これは国の独立を守るものであって、災害派遣とか治安出動は法律上「主たる任務」とは位置づけられておりません。国の独立を守るのが軍隊。国民の生命、財産、公の秩序を守るのが警察。同じ実力組織ですが、全く違うものです。

軍はそういうものであるがゆえに、その作用はすぐれて対外的に働きます。つまり、日本国の独立が脅かされた、急迫不正の武力攻撃があった、それに対して作用するものですから、当然のことながらそれは対外的に行われるものです。ですから、軍隊は国内で作用するということは基本的にはございません。治安出動にしても海上警備行動にしても、それは警察権の行使として行われるものでございます。

反対に、警察の作用というのは、国民の生命、財産、公の秩序を守るものですので、その作用はすぐれて対内的に機能するものでございます。東京の警視庁がニューヨークに行って大活躍ということも、ニューヨーク市警が徳島で大活躍ということもございません。軍隊と警察というのはその作用が全く違うし、警察権はそうであるがゆえに、国民の基本的人権の尊重ということが当然義務として課されるものでございます。したがって、警察比例の原則というのが適用される。それは警察官職務執行法に明らかなところです。

逆に、軍隊が従うべきは国際条約、確立した国際慣習でございます。軍隊と警察は明らかに違うということで、ここのところをきちんと認識をしないと、憲法の議論というのは正確性を欠くことになってしまうのではないかと思っているところでございます。

改正草案では、前文から書きかえております。前文で問題なのは、「(日本国民は)平和を愛する諸国民の公正と信義に信頼して、われらの安全と生存を保持しようと決意した」という部分でございます。世界の人々は平和を愛好する方々、公正な方々であり信義の厚い方々であって、それを信頼して日本国民の、日本国のではありません、日本国民の安全と生存を保持しようと決意した、ということになっております。

集会などで、「そう決意した人、手を挙げて」というと、大体誰も手を挙げないのでありますが、日本国憲法にはそう書いてあるわけです。そのように前文において高らかにうたい上げて、それを受けた形で憲法第九条がございます。

憲法第九条は、「日本国民は、正義と秩序を基調とする国際平和を誠実に希求し、国権の発動たる戦争と、武力による威嚇又は武力の行使は、国際紛争を解決する手段としては、永久にこれを放棄する」、「国の交戦権は、これを認めない」、こういうことでございます。

「九条の会」という護憲団体の方が憲法を守れと私のところにもいらっしゃるんですが、「ところで、九条って何が書いてあるかご存じですか」というと、意外と暗唱できなかったりすることもあるのですが、憲法九条にはこのように書いてあります。

でも、読んだだけでは何が書いてあるかよくわからない。「日本国民は、正義と秩序を基調とする国際平和を誠実に希求し」というのは直訳調ですが、まあそうだろうねということになるわけでございます。「国権の発動たる戦争」とは何かというと、最後通牒を発し宣戦布告を発する、伝統的国際法にいう正規の戦争のことだと。では、それは「武力の行使」とは何が違うのかというと、日華事変とか日中事変とか、事変という言葉を使うことがありますが、実際には戦争なんだけれども、最後通牒も発していないし宣戦布告もしていないし、伝統的な意味の「正規の戦争」ではないものを「武力の行使」というのだと。

そう聞かされると「わかりました」となるし、「武力による威嚇」も「ああ、そういうことでしょうね」となるわけですが、「国際紛争を解決する手段としては」ということになると、これまた「何ですか」ということになるわけでございます。「国際紛争」とは何かというと、「領土などをめぐる国または国に準ずる主体の間において行われる武力を用いた争い」、これが定義でございます。

国家の三要件というのがありまして、①一定の領土を有し、②「僕は日本国民だよ」、「私はアメリカ国民です」、「私はフランス国民です」というようにアイデンティティを共有する国民がいて、そして③統治の仕組みを持っている、ということです。アルカイーダなどというのは、「私がアルカイーダ国民です」という人がいるわけでもなく、「ここはアルカイーダの領土だ」というものがあるわけでもなく、アルカイーダ政府というのがあるわけでもない。「国または国に準ずる組織の間において行われる武力を用いた争い」が国際紛争であって、「国際紛争を解決する手段としては」というのは、要は「侵略戦争はだめですよ」ということを言っている、これが大体国際的な常識でございます。

「国際紛争を解決する手段としては、永久にこれを放棄する」。憲法九条第一項はすばらしいねという人が時々いらっしゃるんですが、これはいわゆる不戦条約をそのまま引いてきたもので、世界各国の憲法に同じような規定はたくさんございます。

問題は第二項なのでありまして、「前項の目的を達するため」というのは、有名な芦田均の修正によって入れられたものでございます。芦田均は、これは幾ら何でもまずかろうということで、一項は侵略戦争をしないということなのだから、侵略戦争をするという目的のためには陸海空軍は持ちません、侵略戦争の交戦権なんてそもそもありませんというふうに考えたのです。その立場をとれば九条は別に改正しなくてもいいということになるのですけれども、吉田茂はこれを非常に嫌いまして、芦田修正の立場をとらないと。多分これは、あくまで推測にしか過ぎませんが、芦田修正の立場をとってしまうと、きちんとした憲法改正ができない。憲法改正をするためには芦田修正はむしろ支障になりかねないと。それは吉田茂と芦田均の立場は異なっていたからだとか、その辺は齋藤健先生がお詳しいのだと思いますが、いずれにせよこの芦田修正の立場はとらないということを日本政府としてはずっと堅持いたしております。

それは一応おきまして、「陸海空軍その他の戦力は、これを保持しない。国の交戦権は、これを認めない」、というところにいきます。「その他の戦力」というのは義勇兵のことでございまして、正規軍ではないが義勇軍的なもの、これが「その他の戦力」と定義づけられております。

この第二項の規定は世界の憲法でもどこにもございません。これはまことに日本国憲法特有のユニークな規定でございます。これをどうするのかということが大問題であります。

今まで政府は、「戦力」って何かと言われると、それは「近代戦遂行能力」であると言っていました。近代戦が遂行できなくて何で抑止力が効くんだという議論も惹起いたしまして、今は「必要最小限度の実力」を超えるもの、ということになっていますが、何のことだかよくわからない議論がとうとうと続いてまいりました。

よくよく聞かなきゃ何のことだかわからないというのは、やっぱりまずくはないだろうか。憲法は、誰が読んでもわかるということにしなければいけないのではないだろうか。

「国の交戦権」って何ですかというと、時々、「それは戦争をする権利でしょう」と言う人がいるんですけれども、全然違います。これは「交戦をする場合に国家に認められる権利」のことでありまして、権利には当然義務が随伴するものです。交戦権というのは国際的な権利なのであって、日本独特の交戦権というものがあるわけではございません。

しかるに、交戦権とは何かというと、相手を殺傷し、物を破壊する行為、それは普通で言えば殺人罪であり傷害罪であり器物損壊罪ということになるわけですが、交戦権の場合には、それをやったとしても殺人罪にも器物損壊罪にも傷害罪にもならない、ということでございます。あるいは、占領地行政をする権利とか、船を臨検拿捕する権利とか、色々ありますが、交戦権の内容として、捕虜になる場合に与えられる権利というのもございます。これはジュネーブ条約に明らかなもので、軍服を着て階級章をつけて、軍人であると明らかに識別できる状態で戦闘に従事して、そして捕虜になった場合には、それを虐殺してはいけません。ジュネーブ条約によって捕虜としての待遇を受けるということになっております。

これを認めないというのはあんまりじゃないかということになるわけですが、政府の答弁は、自衛権を行使する場合には「国の交戦権は、これを認めない」というのは適用されない。自衛権を行使する場合に例えば捕虜として受けられる権利は、交戦権の外なのだという言い方をしております。こういう言い方をしていますのは日本だけで、交戦権の内容は国によって違うということはございません。自衛権を行使する場合の捕虜の権利は交戦権の外なのだというようなお話は、世界に向けて通用するものではございません。

そういうことから考えて、「陸海空軍その他の戦力は、これを保持しない。国の交戦権は、これを認めない」ということが憲法九条の一番の問題なのではないか。陸海空自衛隊って一体何なんだ。軍隊なのか、軍隊じゃないのか。そのことにきちんと答えを出さなければいけない。名称が自衛隊であろうが国防軍であろうが自衛軍であろうが、要はその本質は、国の独立を守るための組織であり、その権能はすぐれて対外的に及ぶものであり、そして国家として自衛権と一体の交戦権を有するものなのだ、こういうことを明らかにしなくては憲法九条の改正の意味が減じられるという思いを、私個人としては持っておるところでございます。

そういうことを踏まえまして、自民党の憲法改正草案というのは書いてあるわけでございます。

「Q&A」に「九条一項の基本的な意味は、従来と変わりません」と書いてあります。あえて申し上げますと、この九条一項を維持するかどうかについても草案をつくるときに大議論がありました。それは「国際紛争」という言葉にあまりにこだわっていると二〇世紀的な議論から一歩も出ないのではないだろうか、ということでした。つまり、国際紛争の主体は国または国に準ずる組織ですが、今問題となっているのは、国または国に準ずる組織ではないテロ集団というようなものが、従来であれば国家しかなし得なかった大規模な破壊行為を行うようになったということでございます。九・一一（米国同時多発テロ）がそうであるように、国家ではない輩が大規模な破壊行為をするようになった、あれは国際紛争ではないのだからということで整理をしてしまっていいのだろうか、ということです。

もう一つは、今回の南スーダンでも問題になりましたように、内戦型のようなものに国際社会はどうやって対応していくべきだろうかということ。それは、国または国に準ずる組織同士の争いではないので国際紛争ではないのだ、と片づけて本当にいいんだろうかということです。

だとすれば、「日本国民は、正義と秩序を基調とする国際平和を誠実に希求し、侵略の手段としての武力による威嚇または武力の行使は、これを一切行わないことを厳粛に宣言する」と書けば、それは誰が聞いたってわかるでしょうという話になるはずだという議論がございました。

これを一人だけ頑強に唱えていたのは私でありまして、舛添要一さんと大論争になって、舛添さんは「お前な、二項を削除しようというんだから、一項まで変えると言ったら大騒ぎだぞ。少しは現実を見ろ」と私に言ったんですね。私は、でも、二一世紀の課題に応えるために憲法にきちっと書かなければいけないし、誰が読んでもわかる条文にしなければいけないんじゃないのかと主張しまして、私はその際「あんたはそれでも学者なのか」と言って、舛添さんは「お前はそれでも政治家なのか」と言って、わけのわからない論争になったような覚えがあります。でも、一項は基本的に維持するということに憲法改正草案ではなっております。

問題は二項です。

自民党の改正草案は、九条一項はほとんどそのままで、「日本国民は、正義と秩序を基調とする国際平和を誠実に希求し、国権の発動としての戦争を放棄し、武力による威嚇及び武力の行使は、国際紛争を解決する手段としては用いない」というふうに書いておりまして、第二項に「前項の規定は、自衛権の発動を妨げるものではない」、こう記述しています。

つまり、個別的だろうが集団的だろうが、自衛権の発動は第一項によって妨げられないということにいたしました。個別的でも集団的でも、自衛権というものに差はないのであって、これは憲法上、集団的自衛権の行使も認められるということを書いたものでございます。これは自民党の党議決定となっております。もちろん、集団的自衛権は何でも使っていいということを言ったわけではございません。それは安全保障基本法等によって厳格な制限を加えられるべきだ、という立場は自民党の憲法改正草案起草時もきちんと維持されていたものです。

話は少し横道にそれて恐縮ですが、集団的自衛権というのは、アメリカと一緒になって世界中どこに行ってもドンパチできる権利などではございません。

第一次世界大戦が終わった後、国際連盟というものができました。つまり、もう戦争なんか嫌だから、集団安全保障の機構をつくることによって、あんな戦争は起こらないようにしよう、争いがあったら国際連盟が駆けつけてきちんと解決しよう、そういう発想によるものでございました。あれがなぜうまくいかなかったかというと、言い出したアメリカが参加しなかったからです。国際連盟は、第一次世界大戦の敗戦国ドイツも常任理事国になっているというものでございましたが、アメリカは自分から国際連盟をつくろうと言い出しておきながら、ちょっと待て、なぜ他の国の意図によって合衆国の国益が左右されなければいかんのだ、という議論が澎湃《ほうはい》として起こって参加せず、国連は機能せず、結局、第二次世界大戦の発生を抑えることができなかった。

第二次世界大戦でひどい目に遭った世界は、ちゃんと機能する組織をつくろうということになって国際連合というものをつくりました。この中で集団安全保障を機能させ、侵略行為が起こった場合には国連軍が駆けつけて、ものの見事に侵略国家を排除してくれようぞ、というのが国際連合の理念でございます。当然、戦争は違法化されております。「悪い国から攻められたらどうするの」、「心配するな。国際連合が駆けつけてきちんと解決してあげる」、よかったよかったという話なのですけれども、アメリカさんが入ってくれないと国際連合は機能しない。入ってくれないと困るんですと。アメリカは、アメリカが反対したら何も決まらない仕組みをつくるんだぞと。拒否権というものでございます。国連が何を決めても、アメリカが反対したらそれは機能しない。これが常任理事国の拒否権というもので、アメリカがそんな権利を持つんだったらうちにもよこせと言ったのがソ連、イギリス、フランス、そして中華民国でございます。この五カ国が拒否をしたら国連は動きません。国連軍は来ません。

それは幾ら何でもあんまりじゃないか、ということになりました。南米の小さな国々が、「国連というのができてね、何かあったら国連が駆けつけてくれるらしいよ」、「ちょっと待って。五カ国が拒否権というのを持つらしいよ」、「じゃ、その国の影響下にある国から攻められたら、国連は来てくれない。それはひどいじゃないか」ということで、国連の安保理の決定が出るまでの間に限って、自分の国は自分で守っていいですよという個別的自衛権、自分の国だけで守り切れないときに関係の深い国でお互いに守り合うという集団的自衛権を、わざわざ認めたのが国連憲章第五一条でございます。

このように集団的自衛権を認めて、国際連合は発足をしたのであって、「アメリカと一緒になって世界中で戦争をする権利が集団的自衛権である」というのは大きな誤解だと思っております。

国際連合は、一時期小沢一郎さんがそんなことを言っていましたが、世界政府でも何でもありません。あくまでユナイテッド・ネーションズなのであって、主権国家の集まりでございます。中華人民共和国におきましては、ユナイテッド・ネーションズは、中国の漢字を使って「联合国（＝連合国）」です。国連で会見するときに、後ろにユナイテッド・ネーションズをそれぞれに訳した言葉があちこちに出てきますが、あの中に「联合国」というのがあるのにお気づきになった方がひょっとしたらいらっしゃるかもしれません。要は第二次世界大戦に勝った国の集まりです。日本は後からお願いして入れてもらいました。ですから敵国条項というのが残っております。敵国条項は、一説によればドイツには適用がないそうです。なぜならばドイツは一回国がなくなっているからだと。そういう説もありまして、なるほどそうかねと思ったりすることがございます。

国際連合とは何か、そして集団的自衛権とは何か、ということに正確な理解が必要なのだと私自身は今でも思っております。

党の改正草案の九条の二は、「我が国の平和と独立並びに国及び国民の安全を確保するため、内閣総理大臣を最高指揮官とする国防軍を保持する」となっております。第二項は「国防軍は、前項の規定による任務を遂行する際は、法律の定めるところにより、国会の承認その他の統制に服する」。文民統制は行政府のみならず立法府によってこそ意味があるということで、この規定が定められております。第三項は、「国防軍は、第一項に規定する任務を遂行するための活動のほか、法律の定めるところにより、国際社会の平和と安全を確保するために国際的に協調して行われる活動及び公の秩序を維持し、又は国民の生命若しくは自由を守るための活動を行うことができる」。いわゆるPKO任務と、警察的活動すなわち海上警備行動や治安出動に対応する規定です。第四項は、「前二項に定めるもののほか、国防軍の組織、統制及び機密の保持に関する事項は、法律で定める」。第五項は、「国防軍に属する軍人その他の公務員がその職務の実施に伴う罪又は国防軍の機密に関する罪を犯した場合の裁判を行うため、法律の定めるところにより、国防軍に審判所を置く。この場合においては、被告人が裁判所へ上訴する権利は、保障されなければならない」。九条の三として、「国は、主権と独立を守るため、国民と協力して、領土、領海及び領空を保全し、その資源を確保しなければならない」となっております。

第五項に、いわゆる軍事法廷について書いてございます。これも、「軍法会議」と聞いただけですごくネガティブな、非人道的な裁判が行われるのではないかというイメージが国民には多くございます。しかし軍隊、日本で言えば自衛隊は、警察や海上保安庁が束になっても敵わないほどの実力を持っている組織でございます。したがって、その規律というものは厳正に確保されないとならない。ほかの誰も凌駕することができない力を持っている組織でございますから、その規律はいかなるものよりも厳正でなければならない。そうであるがゆえに、一体のものとして、軍隊に与えられる栄誉は、その国における最も高い栄誉でなければならない。何よりも高い規律、何よりも重い栄誉が必要である。これは軍というものに随伴する事項です。そして、そこにおける裁判というものは、何年も何年もかかっていたら規律の保持に適さないのであって、迅速性が要求されるものです。しかし、何をやってもいいということにならないので、上訴する権利は当然認めておかねばならないということでございます。本来こういうものだということはきちんと明らかにしておかねばならないと思っております。

そういうようなことで書かせていただいたのが、自民党草案の九条部分でございます。

昨日の保岡興治（憲法改正推進本部）本部長のお話によれば、いずれ機会を見て総裁がお考えをお述べになるということなので、それを待たないままであれこれと言うことは、差し控えなければならないことであるということだと思います。

これはきのうの全体会議でも議論があったことですが、軍隊というのはそれぞれの国によって定義が異なるというふうに政府は今まで答弁をいたしておりますし、私自身もひょっとしたらその答弁をしたことがあるかもしれません。ですが、「軍隊とは何かという本質については、それぞれの国によって異なるものだ」と私は思っていないのです。冒頭に申し上げましたように、軍隊の定義はかなりはっきりしておって、交戦権の定義というのもはっきりしておる。それぞれの国において独自に解釈することは妨げられませんが、その解釈は国際的に通用するかというと、それは全く違う世界が展開するものでございます。

したがいまして、専守防衛だという軍隊、それはそれなりにユニークな軍隊なのかもしれません。ですが、専守防衛ということが憲法の趣旨から出ていると仮にするならば、それがどんなに難しい防衛戦略であるのか、ということもご理解をいただく必要があるのだろうと思っております。

専守防衛というのは、攻撃を受けて初めて反撃をするという、憲法の趣旨に立脚した極めて受動的な防衛戦略であるというふうに防衛白書にも書いてあるし、政府の答弁でも累次そのように申し上げているところでございます。

ということは、相手の国に対しての攻撃はしない。攻撃を受けて初めて反撃するという考え方でございますので、国土に対する被害というものをかなりの部分前提としているものです。であれば、防御の体制がどの国よりも堅固でなければだめなはずでございます。言ってみれば籠城戦みたいなものですから、守りはどこよりも堅固でなければならないのだということですし、武器、弾薬、兵糧、水というものは周到に準備されていなければならない。そして、必ず来援がある、どこかが助けに来てくれる保証がなければ、結局時間との戦いになってしまうわけです。堅固な守り、十分な備蓄について国民が認識をし、日米同盟が確たる機能をするということが担保されなければなりません。専守防衛というのはそういうものなのです。ですから、それを国民に向かって我々はきちんとご説明をしないと、専守防衛だから大丈夫だということには残念ながらならない。

一項、二項はそのままにしておいて、三項に自衛隊の規定を置く。つまり、一項、二項はそのままで、多くの人が合憲と思っている自衛隊を憲法上きちんと書きます、皆さんそれでいいでしょう、ということなのかもしれません。そのときに、二項の規定と矛盾しないでどうやって三項に書けますかということだと思います。ひょっとしたら矛盾しないように書くことができるのかもしれません。それでも、陸海空自衛隊は軍隊なんですか、軍隊じゃないんですかということには、結局逢着せざるを得ないのだろうと思っています。

軍隊というとみんな拒絶反応を示しますから、名前は自衛隊のままでもいいのかもしれません。ですけれども、国の独立を守るもので、国際条約、国際法、確立した国際慣習に従うものだということだけは明らかにされないと、本質を見誤ることになるのだろうと思っております。

もう一つ、いわゆるグレーゾーンというものをどうするのかということがあります。自衛権の発動の三要件は、①我が国に対する急迫不正の武力攻撃があること、②ほかにとるべき手段がないこと、③反撃は必要最小限度にとどまるべきこと、でございます。では、例えば尖閣諸島が、急迫不正の武力攻撃ではない態様で、某国の民間人によって上陸占拠をされ、その国の国旗が打ち振られたとする。それは我が国の主権に対する侵害ということになるのですが、これに対しては警察権で対応することになります。海上保安庁が出る、警察が出る。ですが、そこで起こっていることは、我が国の独立、主権、領土の侵害であり、実行している主体は外国人もしくは外国政府なのです。これに警察権で対応して本当にいいか、というのがグレーゾーンの問題だと私は認識しております。

我が国に領空侵犯が起こったときの対処、スクランブルの法的根拠も警察権でございます。領空が侵犯されているのに対して、それに警察権で対応するということが本当にあっていいのか、ということであります。これらに対する法制、あるいは体制が本当に今のままでいいでしょうかということは、やはり喫緊に問われる課題なのではないでしょうか。

もちろん、総裁がおっしゃるように、自衛隊について、憲法学者が違憲だと言い、そして教科書に違憲だという意見が記述されていることは問題なのであり、それを払拭することも大事な課題です。しかし、自衛隊というのは一体何なのか。国内法的に見れば軍ではないが、国際的には軍隊だなどという、そういう存在としてこれから先も位置づけられていいのだろうか、ということが私の根源的な問題意識でございます。

ありがとうございました。

石破 茂 1957（昭和32）年生まれ。鳥取県出身。慶應義塾大学法学部卒。1986年衆議院議員に当選し、防衛大臣、地方創生・国家戦略特別区域担当大臣等を歴任。著書に『国防』『日本列島創生論』など。

Ⓢ新潮新書

773

政策《せいさく》至《し》上《じょう》主《しゅ》義《ぎ》

著 者 石破《いしば》茂《しげる》

2018年7月20日 発行
2018年7月30日 2刷

発行者 佐 藤 隆 信
発行所 株式会社新潮社
〒162-8711 東京都新宿区矢来町71番地
編集部(03)3266-5430 読者係(03)3266-5111
http://www.shinchosha.co.jp

印刷所 株式会社光邦
製本所 憲専堂製本株式会社

ISBN978-4-10-610773-3 C0231

Ⓢ新潮新書

003
バカの壁
養老孟司

話が通じない相手との間には何があるのか。「共同体」「無意識」「脳」「身体」など多様な角度から考えると見えてくる、私たちを取り囲む「壁」とは——。

005
武士の家計簿
「加賀藩御算用者」の幕末維新
磯田道史

初めて発見された詳細な記録から浮かび上がる幕末武士の暮らし。江戸時代に対する通念が覆されるばかりか、まったく違った「日本の近代」が見えてくる。

061
死の壁
養老孟司

死といかに向きあうか。なぜ人を殺してはいけないのか。「死」に関する様々なテーマから、生きるための知恵を考える。『バカの壁』に続く養老孟司、新潮新書第二弾。

069
妻に捧げた1778話
眉村卓

癌と闘う妻のため、作家である夫が五年間毎日書き続けたショートショート。その中から19篇を選び、結婚生活と夫婦最後の日々を回想するエッセイを合わせた感動の書。

125
あの戦争は何だったのか
大人のための歴史教科書
保阪正康

戦後六十年の間、太平洋戦争は様々に語られてきた。だが、本当に全体像を明確に捉えたものがあったといえるだろうか——。戦争のことを知らなければ、本当の平和は語れない。

Ⓢ新潮新書

733
投資なんか、おやめなさい
荻原博子

「老後のために投資が必要」なんて大間違い！銀行、証券、生保がいま生き残りを賭けて私たちのお金を狙っている。経済ジャーナリストがつぶさに説く、騙されないための資産防衛術。

753
新聞社崩壊
畑尾一知

十年で読者が四分の一減り、売上はマイナス六千億円——。舞台裏を全て知る元朝日新聞販売局の部長が、限界を迎えつつある新聞ビジネスの窮状を、独自のデータを駆使して徹底分析。

760
素顔の西郷隆盛
磯田道史

今から百五十年前、この国のかたちを一変させた西郷隆盛とは、いったい何者か。後代の神格化を離れて「大西郷」の素顔を活写、その意外な人間像と維新史を浮き彫りにする。

558
日本人のための「集団的自衛権」入門
石破茂

その成り立ちやリスク、メリット等、基礎知識を平易に解説した上で、「日本が戦争に巻き込まれる危険が増す」といった誤解、俗説の問題点を冷静かつ徹底的に検討した渾身の一冊。

712
日本列島創生論
地方は国家の希望なり
石破茂

「補助金と企業誘致の時代は終わった」「官僚こそ地方で汗を流せ」「里帰りに魅力を付加せよ」——地方と中央、与党と野党、政官財、老若男女の別なく一致できる「創生への道」を示す。